eye戀。西拉雅。浪漫 Spring

交通部觀光局
西拉雅國家風景區管理處

邂逅西拉雅 寄情原鄉

　　「西拉雅國家風景區」是台灣第13座國家級風景區，也是全台灣唯一一座以文化族群命名的風景區，象徵著西拉雅風景區為集結人文傳統與自然美景的特色，更代表原鄉文化得以邁向新紀元的重要里程碑。

　　範圍遍及15個鄉鎮的西拉雅國家風景區，蘊藏著風格迥異的產業特色與自然景觀，以各異其趣之姿，盡展風情，成為旅人嚮往的最佳旅遊勝地之一。風景區中擁有白河、尖山埤、烏山頭、曾文與虎頭埤5大水庫，讓西拉雅成為全台灣國家風景區中水庫數量最多者；不僅如此，西拉雅還有全台最大的水庫、全台唯一的泥漿溫泉、全台最古老的人類化石、全台最大的藏傳佛教等國寶級珍稀，稱得上是擁有最多「全台之最」的得天獨厚勝地，值得旅人悠遊其中、細心品味。

　　想一覽西拉雅國家風景區的諸多秘境嗎？本書以第一人稱的方式，透過親身經歷的景點描繪，讓旅人有身歷其境之感，跟著書中人物，一同遨遊於西拉雅國家風景區，領略聞名遐邇的平埔族文化。

　　本書將介紹西拉雅國家風景區的西拉雅文化特色、平埔族人的風俗、祭典與聚落歷史等，同時詳述全台之最的世界級景觀，讓旅人能直擊西拉雅旅遊的核心價值。另外，西拉雅的白河蓮子、東山咖啡、官田菱角、玉井及南化的芒果、新化番薯、左鎮破布子、大埔麻竹筍與柳營牛奶等農特產品，以及各地最受歡迎的招牌小吃等，也是本書的重點項目，透過「美食特產」了解在地人文與產業發展，是最輕鬆自在的旅遊行程。

　　為讓您輕鬆暢遊西拉雅，本書貼心地為您規劃完善的行程，詳列交通、住宿、景點，及農產單位等相關聯絡電話，搭配景點地圖，以最實用的旅遊資訊，讓您得以跟隨書中人物的腳步尋幽訪勝，發現西拉雅原鄉的新感動。

　　「我在西拉雅，我想對你說……」，期待您親自前來發現這兒的美麗與感動……

交通部觀光局
西拉雅國家風景區管理處

豐饒山水西拉雅 我心嚮往

　　自幼成長於台南府城，環繞古都的嘉南縣境山水綠意，早已烙印成為青春的記憶場域。譬如孩提剛學步不久，隨父母前去關子嶺好漢坡，去大仙寺碧雲寺吃齋菜，看著水火同源嘖嘖稱奇，甚至記得日式老旅館的榻榻米，磨石子浴缸，方格子窗門推開，遠處山嵐渺渺，尚有白煙裊裊的溫泉頭。爾後小學遠足去了曾文水庫、烏山頭、尖山埤、月世界；中學又與同學相約搭乘客運一路晃到虎頭埤，還遠到玉井楠西摘芒果，去善化糖廠吃冰，去官田吃菱角……

　　我的父系親族長輩們，幾乎都在這個充滿人情歷史與上天恩惠的土地過活，靠務農、養殖、果園、或傳統產業維生。得天獨厚的天然資源，溫和包容的氣候優勢，紮實縝密的灌溉水圳，那些念舊基因，惜物的深情，和固執的土地情感與低調內斂的性格，如此氛圍養成世世代代，歲月洗鍊之後，生活經驗沈澱為智慧，覺得生長於此，是一種難得的福份。

　　於是我跟他鄉的朋友描述這片南方沃土的同時，總要謹慎冷靜，盡量壓抑滔滔不絕的迫切，因為這裡有太多美好的人情，好客的體恤，數不完的美景美食，那些堅持的老舖，誘人垂涎的水果，那些充滿故事的稻米，百年的典故傳說，虔誠的信仰，即使是簡單吃食也有深刻的脾氣在其中。

　　於是老街有生命，新景有美意，古老與現代可以溫柔妥協，懷舊和創新有了對話的空間。到此一遊，倘若只是走馬看花未免可惜，這裡值得花上幾天、幾年、半輩子或一輩子來親近。一望無際的綠色稻田也好，寬闊的水庫景色更棒，已經寫在土地裡的故事總是最動人，旅行中的人情往往鐫刻成回憶，何況還能帶走此地豐饒的物產成為齒頰留香的伴手呢！

　　在規劃成為第十三座國家風景區之後，我所熟悉的青春篇章，終於可以大聲召喚，歡迎來到豐饒的西拉雅，那就請開心作客吧！

知名作家、部落客

美景美食不勝數 得天獨厚

　　我是台南縣佳里人，雖然從小就北上求學，但寒暑假都會陪著祖父母，在「鄉下」度過快樂的假期。每次回到佳里鎮，一定到糖廠（現今的蕭壠文化園區）報到，買枝清冰棒，配上甜而不膩的紅茶，這是孩提時代的唯一記憶，也是離鄉背井的僅存鄉愁。

　　長大後，只要有空，我就一個鄉一個鎮的去走走，看白河的蓮花、喝東山的咖啡、吃玉井的芒果、洗關子嶺的泥巴溫泉……台灣很少有一個縣市，有這樣多的美景美食，台南縣，得天獨厚。

　　西拉雅族Siraya，是指分布在台灣南部的平埔族。台南縣大部分的鄉鎮都包含在內，我可能也是西拉雅的後代。

　　《eye戀西拉雅》以分區導覽的方式，分述西拉雅國家風景區的關子嶺旅遊線、烏山頭旅遊線、虎頭埤旅遊線、左鎮旅遊線與曾文旅遊線等五大遊憩路線，將每一個旅遊路線中的自然奇景、地質生態、宗教人文、古蹟文化、豐饒物產、知名美食與原住民族的傳統祭典等，以活潑生動的方式介紹西拉雅原鄉，有系統地帶著我，再度回到白河、玉井、東山，讓我發現更多不曾去過的景點，在風景區內看遍美景、吃遍美食，還能深刻的了解西拉雅族文化的起源。

　　我想《eye戀西拉雅》這本旅遊書，甚至應該定位是一本輕鬆的旅遊文化教科書我一直驕傲是台南縣民，也許在求證祖譜後，我也可以大聲的說：我是西拉雅族人，我更以西拉雅為榮。

知名部落客、攝影師　張 大 魯

西拉雅之最

水庫數量最密集

西拉雅境內有尖山埤、白河、烏山頭、虎頭埤，與全台最大的曾文水庫等5座水庫，是全台水庫數量最密集的風景區。

全台唯一的泥漿溫泉

位在西拉雅風景區的關仔嶺溫泉是全台唯一的泥漿溫泉，含有豐富礦物質，是國寶級的黑色溫泉。

全台最大的藏傳佛教寺廟

左鎮鄉的噶瑪噶居寺，是台灣最大的藏傳佛教寺廟，置身其中彷若墜入世外桃源，用藝術與佛法，洗滌身、心、靈吧！

全台最古老的人類化石

菜寮溪化石是西拉雅另一項極其珍貴的人文資源，其中最著名的左鎮人化石，是全國最古老的人類化石代表。

全台規模最大惡地地貌

草山月世界是由砂岩與頁岩所構成的青灰岩地形，又稱白堊土地質，外表嶙峋荒涼、草木難生，是典型的惡地質地形，景致獨特壯麗，是全台規模最大的惡地。

全台最大傳統閩南式聚落

楠西鄉鹿田村的江家古厝，是一處格局完整的傳統閩南式建築，約有300多年歷史，是全台最大也是保存最完善的南方傳統建築聚落。

eye 戀。西拉雅。

浪漫 Spring

目次

18 關子嶺旅遊線

溫泉 · 蓮花 · 咖啡

東山佛祖回娘家／東山鄉
地點：碧軒寺（農曆正月初十）

1月

台灣國際蘭展／後壁鄉
地點：台灣蘭花科技生物園區（3月下旬）

3月

大仙寺甘茶浴佛節／白河鎮
地點：大仙寺（農曆4月8日）

走馬瀨農場牧草節／大內鄉
地點：走馬瀨農場

5月

玉井芒果節／玉井鄉
（7月初）

7月

啤酒節／善化鎮
地點：善化啤酒廠（農曆8月15日）

9月

東山吉貝耍孝海祭／東山鄉
地點：東河村（農曆9月5日）

阿立祖祭典／官田鄉
地點：番仔田復興宮（農曆10月14～15日）

11月

梅嶺梅花季／楠西鄉
地點：梅嶺（12月～隔年1月）

西拉雅節慶一覽

2月
赤山觀音佛祖誕辰／六甲鄉
地點：赤山龍湖巖（農曆2月19日）

4月
浴佛節／左鎮鄉
地點：左鎮農會驛站（4月初）
梅嶺賞螢季／楠西鄉
地點：梅嶺

6月
新化番薯節／新化鎮
地點：新化老街

白河蓮花節／白河鎮
地點：蓮花公園（6月底至8月）
虎頭埤蟋蟀鬥賞季／新化鎮
地點：大帝宮（6～7月舉辦）

8月
東山龍眼節／東山鄉
蜂芒桂冠水果節／南化鄉

10月
官田菱角節／官田鄉

東山咖啡節／東山鄉
10月底～11月間舉辦
大內酪梨節／大內鄉
農曆10月15日前舉辦

頭社太祖夜祭／大內鄉
農曆10月14～15日舉辦

12月
溫泉美食嘉年華－愛上關子嶺／白河鎮
地點：關子嶺

註：上述為區內各類型產業文化活動，每年活動日期略有調整，活動詳情請於行前洽詢各地區農會、
鄉鎮公所，或上網查詢，以免向隅。

西拉雅五大遊憩線采風錄

很難想像，台灣有如此多元的風情！
這是一座擁有最多「全台之最」的國寶級勝地，
誘使我情不自禁的展開旅程，貼近這處秘密基地，
這裡，是「西拉雅國家風景區」，
而我，正往探索秘境的路上，前去！

翻閱著旅遊書上的景點簡介，試著悠遊於這座全台之最的國家級風景區，本以為汲取了完整的西拉雅印象，決定帶著導覽書上路遊歷，短短的旅程，卻讓我一路驚喜連連，原來讀萬卷書、還真的不如行萬里路，親身經歷之後才發現，如果沒徹底

玩遍西拉雅國家風景區，就算瀏覽過再多的圖片和文字，都無法真正體驗，原來台灣竟有這般國際級的奇景。

準備好要出發了嗎？現在不妨就跟著我，一同進入西拉雅國家風景區的關子嶺旅遊線、烏山頭旅遊線、虎頭埤旅遊線、左鎮旅遊線與曾文旅遊線等5大遊憩線的綺

麗世界。

西拉雅國家風景區是台灣的第13座國家風景區，總面積達91,450公頃，橫跨台南及嘉義兩縣市，主要範圍包括：北起台南縣白河鎮、南至新化鎮及左鎮鄉、東至南化鄉及台20線、西至國道第二高速公路及烏山頭水庫。

取「西拉雅」為風景區之名，是因這裡不僅擁有珍貴的史前文化遺址，也還居住著為數眾多的平埔族分支族群「西拉雅族」，更難得的是，此處還保留著傳統的西拉雅族公廨與祭典儀式，獨特的原鄉文化，值得永續傳承，於是交通部觀光局最後以原住民族的「西拉雅」命名，成為全台灣唯一一座以文化族群為名的風景區。

西拉雅國家風景區境內，有白河、尖山埤、烏山頭、曾文、虎頭埤等5大水庫，是全台灣國家風景區水庫數量最多的地方，加上嘉南大圳等溪流縱橫其中，形成豐沛水漾的大地奇景；關子嶺、六重溪、龜丹等溫泉資源，也不得不提，國寶級的自然資源，總能讓人讚許；特殊的天然環境與地質生態，更是台灣第一，造就了知名的白河蓮花、東山龍眼、玉井芒果、官田菱角、新化番薯、左鎮破布子與

柳營牛奶等豐饒物產。風景區裡處處皆是渾然天成的動人景致，展現原鄉蓬勃的生命動能。

關子嶺旅遊線 泡湯養生

來到以白河鎮與東山鄉為主的關子嶺旅遊線，千萬別錯過關子嶺的泥漿溫泉（下圖）、六重溪部落的公廨文化、水火同源的台灣奇景、國家古蹟大仙寺與碧雲寺的傳奇故事、東山咖啡的咖啡生態園區等；也要記得到白河體驗蓮花產業，來一場賞蓮之旅；當然，東山有名的鴨頭與龍眼，是公認的必嘗美食；還有保存完善的傳統吉貝耍夜祭，更是能讓人感動不已的平埔族祭典。總之，想來一趟高品質的吃喝玩樂、泡湯養生、探索文化之行，關子嶺旅遊線絕對是首選。

烏山頭旅遊線 水庫尋源

包括柳營鄉、六甲鄉、官田鄉的烏山頭旅遊線，擁有尖山埤水庫與烏山頭水庫兩大水庫，更有為了灌溉嘉南平原而興建的嘉南大圳，備受注目的水資源，是嘉南平原富庶的最大功臣，值得探訪；各式休閒農場，也是烏山頭一區的重要特色，像是全台灣最大的八翁酪農專區、設備完善的生態體驗園區等，都是周休二日的最佳選擇地點，知名的菱角、牛奶製品、酒廠等招牌小吃特產，更是別處沒有的極品。

 虎頭埤旅遊線 古蹟巡禮

由大內鄉、山上鄉、新化鎮、善化鎮、新市鄉組成的虎頭埤旅遊線，以文化古蹟、農場休閒最具特色，境內虎頭埤風景區被譽為「養生之庫」的虎頭埤水庫，擁有波光激灩的絕美湖景；或者，也能安排來趟古蹟尋訪之旅，到新化老街（上圖）、日治時代遺留至今的台南水道、淨水池等自來水工程文物，頗具文化意涵；或者到善化糖廠吃冰、到新化品嘗番薯、竹筍與鳳梨的美味，最後再選間規劃完善的休閒農場休憩，享受山林原野的度假樂趣。

▲ 左鎮旅遊線 奇景天成

　　南化鄉、左鎮鄉組合而成的左鎮旅
遊線，蘊含著豐富的生態、人文與宗
教內涵，其中最具代表性的草山月世
界，堪稱國際級的美景，擁有由白堊
土形成的青灰岩地貌，是觀賞日出、
觀雲海的勝地；區內全台最大的一貫
道總堂寶光聖堂、藏傳佛教的噶瑪噶
居寺等參訪膜拜，是修身養性的淨
地；更酷的是，此區還有獼猴保護
區、化石館與自然史教育館等多樣的
生態文化，讓人樂趣無窮，怎麼樣也
看不膩。

🔺 曾文旅遊線 湖光山色

　　以嘉義縣大埔鄉、台南縣楠西鄉與玉井鄉為基地的曾文旅遊線，有著全台灣最大的水庫資源，兼具灌溉與休閒之用，擁有豐饒的魚產、花果等物產，明媚的風光，總能讓人流連不已；山區裡的歐都納山野渡假村、嘉義農場等，也是充滿鄉林野趣之地，是聞名遐邇的度假區；有著百餘年歷史的江家古厝，與梅嶺風景區中全台最大面積的梅林，都蘊藏著豐富的歷史記憶，待人親身發掘；來這裡聽故事、採果、賞梅，不啻為身、心、靈的最佳饗宴。

解讀西拉雅族

　　台南縣市是西拉雅本族的根據地，被稱之為「西拉雅的故鄉」。西拉雅族是台灣平埔族中一個分支族群，主要有「新港社」、「蕭壟社」、「目加溜灣社」與「麻豆社」四大社，當初荷蘭人稱台南一帶四大社人為「Sideia」，而「西拉雅Siraya」一詞就是由「四大社」台語發音的諧音轉化而成；但也有另一說，「西拉雅Siraya」是該民族對「人」的稱呼。

　　當代的西拉雅部落，包括有東山鄉吉貝耍部落、大內鄉頭社部落、官田鄉番仔田部落、白河鎮六重溪部落、佳里鎮北頭洋部落與新化鎮口埤部落等；其中，還有數個部落保有傳統祭典，例如「吉貝耍阿立母夜祭與孝海祭」、「頭社太祖夜祭」、「番仔田夜祭」與「六重溪平埔夜祭」。

eye 戀西拉雅 · 浪漫 Spring

關子嶺

（白河鎮、東山鄉）

溫泉 · 蓮花 · 咖啡

旅遊線

造訪關子嶺旅遊線，沿途盡是好玩、好吃、好體驗的！
若你只聽過水火不容，卻沒見過水火同源這個奇景，
可得親眼目睹才知道有多令人驚豔！
品嘗過飄著濃郁香氣的東山咖啡嗎？
咖啡香氣裡的正港台灣味，總能擄獲人心；
還有各類的溫泉飯店，令人垂涎的蓮子大餐，
以及震撼人心的平埔族夜祭，
這麼豐富的內容，讓我迫不及待踏上旅程！

尋訪記憶中的關子嶺
揭開神秘山城面紗

達人帶路→

「嶺頂春風吹微微，滿山花開正當時……」從小就愛聽媽媽哼唱這首歌，輕柔的嗓音緩緩道出小小山城的美麗與溫柔，這首由吳晉淮譜曲的《關子嶺之戀》，曾經傳遍全台灣，觸動許多人的心弦，更為關子嶺增添了留予後人無限想像的空間，多少人循著悠揚的樂聲前去，為的就是一探嶺頂的迷人風采。

根據觀光局資料顯示，開發甚早的關子嶺，早在日治時期與四重溪、北投、陽明山並列台灣四大溫泉區，記憶中小時候就曾經數度跟著父母親到過幾次關子嶺，但對關子嶺的印象，卻只停留在那裡有著全台灣奇景之一的「水火同源」，以及一座座擁有泥漿溫泉的日式旅館，除此之外，竟無法在心裡勾勒出關子嶺的真切輪廓。

再次造訪關子嶺，對關子嶺的印象全然改觀，因為這次，在當地人的帶領下，見識到關子嶺饒富趣味的濃厚在地性。現為明園溫泉會館負責人的胡博雄，同時也是關子嶺形象商圈的總幹事，由人緣極佳的他，帶著我們暢遊關子嶺，可以見識到許多有趣的人、事、物。

兩縣交界 白河雞香魚鮮
山川美景相伴 饕客聞香垂涎

關子嶺出產的雞肉特別香甜，是非得品嘗的鮮味！

　　關子嶺雖然位在台南縣白河鎮，但恰與嘉義縣比鄰，若從北部出發，離關子嶺最近的高鐵站也正是嘉義站，由高鐵接國道3號下白河交流道，再沿著172縣道緩速上山，不到40分鐘的車程，就能抵達關子嶺。一下國道往關子嶺方向前去，沿途林立著「桶仔雞」、「甕缸雞」與「葫蘆雞」等招牌，搖下車窗深呼吸，燒烤的土雞香氣噴鼻而來，以各異其趣之姿的器皿燒烤而成的土雞，是來到關子嶺非得品嘗的新鮮味之一。

　　嘗鮮美食的行程，決定留待夜晚再進行，初抵關子嶺，當然還是得先一覽關子嶺現今的全貌。胡總幹事一上車，沒有先帶我們轉進熱鬧的溫泉老街，反而朝著嘉義方向前進，經過涼涼溪流後沒多久，一座座隱匿在山林中的土雞城，猛然現身。「一連有著溪邊、新溪

邊、溪山莊三家土雞城,是在地人最常來的餐廳」,胡博雄一邊跟店家打招呼,一邊不忘介紹這3家老餐廳的來歷,據說若不夠熟門熟路,實在不知道這裡藏著極富野味的餐廳。

餐廳多由竹木與紅磚建造而成,店內販售有紫蘇梅子雞、豆乳雞、鱸鰻等料理。從白河水庫裡捕獲的筍殼魚,用來清蒸最是美味,能吃得到嬌嫩的鮮甜肉質,「這裡的戶籍地址其實屬於嘉義縣中埔鄉,但通訊地址卻是寫著台南縣白河鎮」,胡博雄打趣說,過去很多人都會從嘉義那一端開始找尋店家,殊不知這裡屬台南,現已劃歸為台南縣白河鎮三重溪的三家餐廳,真的就蓋在涓流小溪旁,能在群山、溪流與鳥啼聲的天然美景相伴下用餐,就算是繞了一大圈才找到路,應該也沒有人會捨得花時間抱怨吧!

眺望老街聚落 盡覽日式風情

老舊軀殼下 隱藏新靈魂

　　離開在地人最愛的餐廳區後，繞回紅葉隧道的岔口，通過隧道往熱鬧的老街前去，沿途還經過警光山莊旁寶泉橋，以及火王爺廟前路基下方的兩大溫泉頭，續循著關子嶺向上爬升，不在老街多做停留，為的是先到得以俯瞰關子嶺全景的制高點攬勝，在南96縣道與175縣道交會處，矗立著一座南寮椪柑的標誌，將車子停放在路旁，往山谷下方望去，就能盡覽整座關子嶺聚落。

　　關子嶺地區境內包含關嶺里與仙草里，最早在清朝乾隆年間就已經開墾，日治時代則因發現溫泉大舉開發，於是在台地下溫泉谷中形成了溫泉聚落的觀光區，而由枕頭山與虎頭山環抱而成，被群山圍繞的山城，在山嵐晨霧間，竟別有一番滿山花開蝶飛舞的風情，抬起頭來向上遠眺，海拔1,234公尺的最高山脈大凍山，更仿若伸手可及。

　　有著「隱身在老舊軀殼下的新靈魂」，是多年後造訪關子嶺的初步新印象，尤其是從高處一覽聚落全景時，映入眼簾的是，早在民國84年就已經由經濟部商業司輔導所成立的關子嶺形象商圈，不僅溫泉區有統一的店家招牌，過往街頭的傳統日式房舍，也與歐式、東南亞等各式風格的建築物相互交錯，關子嶺溢滿的蓬勃生氣，在我眼前閃動了起來。

嶺頂公園重溫《關子嶺之戀》
解說志工進駐　提供旅遊服務

關子嶺的風貌，和過去截然不同，但彌漫在街頭的泥漿溫泉味，又給人莫名的熟悉感。嶺頂公園在溫泉區的上方，迎接我們的是一座銅像，知名詞曲創作者吳晉淮，是60年代初期帶動台灣創作歌謠風潮的代表人物之一，他培育出陳芬蘭、郭金發、大小百合、黃乙玲等知名歌手，一生有兩百餘首的作品；這位南瀛音樂瑰寶於1991年辭世，享壽75歲，台南縣政府為紀念他，特於嶺頂公園景觀設施完工後設立吳晉淮像。

公園東側有一條「好漢坡」，這條山坡階梯，據聞是早期日軍為了讓傷兵復健而建，原有300階，後因道路拓寬被截斷只剩243階，之後在台南縣政府規劃下，新好漢坡以溫泉口為起點，與舊好漢坡相加，共計666階，這兒是欣賞關子嶺風情的必遊之地。由嶺頂可直通火王爺廟，而此行我們要拜訪的大成殿，是公園裡的主建築物，一樓原是關嶺里辦公室，現已闢建成旅遊服務中心，內設溫泉展示館、多媒體放映室，及西拉雅國家風景區的簡介，另有解說志工進駐，提供旅人諮詢服務。

栽種費心 特產香菇物美量少
山區氣候濕冷 蕈傘厚實品質佳

聽完解說志工對西拉雅的介紹後，我沿著嶺頂的
石階步道而去，沿途滿是楓樹、楓樹的怡人景致，
走到馬路邊望向街的另一頭，看見斜對角的婦女正
低著頭在整理香菇。印象中胡博雄曾說過，關子嶺
的特產有桂竹筍、椪柑與香菇，但我繞了關子嶺好
幾圈，卻只在這裡看見香菇的蹤影。

因氣候適宜，關
子嶺所栽種的香
菇蕈傘厚實。

「木成香菇場」與「菇嚕菇嚕」是兩家比鄰的
店，賣的都是各式香菇與香菇副產品，這是由兩兄弟所開設的店
面，他們的父親是陳木成，而他們也的確是關子嶺僅存的兩大菇農。

香菇適合生長在濕度較高的山上，氣候愈冷、蕈傘也會更厚實，陳木成
說，因關子嶺的環境適合栽種香菇，所以早在30多年前，關子嶺的住戶
僅約120多戶，其中就有30戶種植香菇，等於1/4的人口都是菇農。

早期香菇一年只能採收兩次，且需要用人工將菌種栽植在木材上，後來
漸漸改用太空包，3個月就能採收一次，但是因為香菇十分嬌貴，所以從
菇寮溫度的掌控、烘烤技術的拿捏等，都需要花費心思仔細照料，這也是
許多人無法堅持種植的主因。

泡湯享佳餚 複合店一次滿足
老店換新裝 重遊溫舊夢

我聞著店裡撲鼻而來的香菇香氣與桂竹筍香，肚子不禁咕嚕嚕作響了起來，既然來到山區，不如就選擇品嘗關子嶺的山產野菜當晚餐吧！一路上看到關子嶺林立著各式餐廳，販售著香菇、過貓、竹筍、山蘇與龍鬚菜等，還有從水庫運來的鱸鰻、筍殼魚與溪蝦等，更有放山土雞與山豬肉等鮮美山珍海味，種類之多，讓人難以選擇，我最後決定以放山雞當作我今晚的主食。

找了一家位在警光山莊對面的湯泉美地溫泉會館，這是經營溫泉飯店與餐飲的複合式店面，記得以前我似乎曾來過這裡泡湯，不過感覺卻有點不同。湯泉美地的第三代主人李重楠說，這裡以前叫做「長虹溫泉度假山莊」，民國97年9月重新改裝成湯泉美地，將開設已有30多年歷史的長虹重新裝潢，提供更精緻的住宿環境與富創意的山產料理。

李重楠說，感覺與我似曾相似。我笑著說，我真的曾來這裡泡過溫泉，甚至還能精準的道出過去店面裡的擺設位置呢！他熱情的要我今晚就住在這裡，重溫青少年時期的旅遊舊夢，我也一口就答應，畢竟我早就想好好的試試招牌泥漿溫泉的魅力。

湯泉美地是老店改裝，提供溫泉住宿與創意山產。

人情調味 燻烤桶仔雞更可口
竹筍解油膩　香留齒頰間

　　當然，進房前還是得先飽餐一頓，忽然，一陣燒烤雞香味飄了過來，我想起方才一下交流道後沿街販售的桶仔雞，想一解嘴饞，李重楠說，這道菜得花上一個鐘頭製作，將約2斤半至3斤大小的放山雞肚內，塞進紅茄苳葉與蒜頭，外皮上塗抹適量的鹽，掛進鐵桶中燒烤，直到雞肉熟嫩、表皮略呈金黃色時，就代表燜烤完成。

　　桶仔雞的下方用小鐵碗裝盛雞油，鐵碗裡還放有關子嶺盛產的竹筍，用來吸油解膩，這裡的桶仔雞吃法很獨特，可以直接戴手套當手扒雞，撕剝雞肉後就沾著雞油食用，燻烤過的雞香味伴著淡淡的筍香，嘗來色香味十足。此外，還有涼拌過貓、山蘇、用中藥泡酒燉煮而成的雞血藤雞湯，以及用大臉盆裝盛的砂鍋魚頭等，都是我的桌上佳餚，道道美味又極富特色，最重要的是，我還吃到了一味關子嶺的獨門秘方──人情味。

　　這頓飯，從晚上7點吃到了凌晨近1點，從晚餐吃到了消夜，更從2人一小桌變成了10人一大桌，想來就饒富趣味。湯泉美地的餐廳有數片玻璃帷幕，用餐過程中就看見與我們同桌的李重楠不斷向窗外來往的人打招呼，連先前帶我們一覽關子嶺的胡博雄也加入行列，接著更是愈來愈多的人聚集在桌旁，也讓我們從小方桌換到了大圓桌，一行人不分你我、談天說地，讓我深刻感受關子嶺的濃濃人情味。

泥漿溫泉 神奇魅力全球罕見
弱鹼性碳酸泉 美膚殺菌去角質

擔心再從消夜吃到早點，只好先告辭回房，一進房先要做的事，當然就是浸泡關子嶺的泥漿溫泉，房內提供冷、熱兩池，讓房客能來場三溫暖式的洗法。關子嶺的泥漿溫泉全台僅見，主要是因溫泉水湧出時，將沉積在珊瑚礁岩層下的青泥岩挾帶湧現，才會呈現灰黑色系，關子嶺的溫泉屬於弱鹼性碳酸泉，很多人會用沉澱在底下的泥漿敷臉或塗滿全身，用做美容、保健。

被稱為「國寶級泥泉」的泥漿溫泉，泉質含有硫磺與鹽類，浸泡後可以殺菌，也能軟化皮膚角質，是懂得美容之道者，最趨之若鶩的湯泉。當晚，我就放滿了一整缸的溫泉水，毫不客氣的泡了起來，一下水就能明顯感受泥泉的威力，滑膩的水質有別於一般溫泉的乾澀，肌膚柔嫩感立現，泡完後再沖一次清水洗去殘留的泥漿，直到隔天早晨，還都覺得自己的皮膚像絲綢般光滑細緻，真希望天天都能浸泡關子嶺的神奇溫泉。

泥漿溫泉可殺菌、軟化角質。

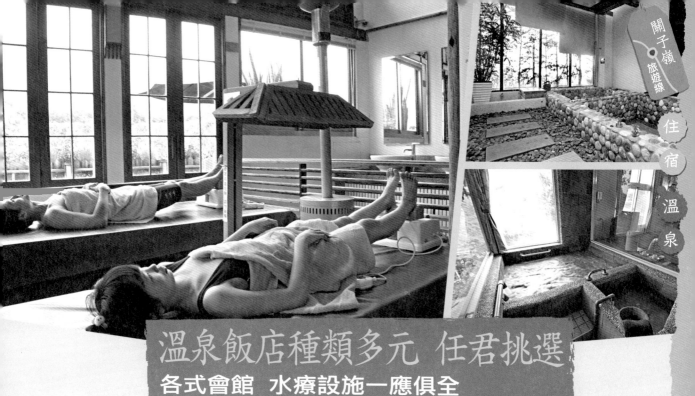

溫泉飯店種類多元　任君挑選

各式會館　水療設施一應俱全

　　早晨起床，我決定探訪關子嶺的溫泉旅店，在離開關子嶺之前，我一定要再把握機會，多加體驗泥漿溫泉的魅力。來關子嶺泡溫泉，有好幾種選擇，可依照預算與需求，挑選下榻的旅館或短暫停留泡湯的湯區。預算高的人，不妨選擇景大礦泥溫泉山莊、儷景溫泉會館、統茂溫泉會館、沐春溫泉養生會館、青雅泥漿溫泉會館或紅葉溫泉渡假山莊等。

　　這五大溫泉會館，皆以溫泉水療設施多元而聞名，不論是露天溫泉、礦泥岩湯、礦泥護膚、精油池、冷泉池或烤箱等，一應俱全，是講究設施的湯客，值得造訪之地；若不需要過多的設施，但要求房間雅致、湯泉純淨者，可選擇湯泉美地、洗心館與麗湯溫泉山莊等，同樣能享有高品質的泡湯服務；不需要附加硬體設備者，則可前往位在溫泉源頭旁的「警光山莊」。

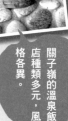

關子嶺的溫泉飯店種類多元，風格各異。

溫泉民宿 好山好水邀客共享
品咖啡聽故事 別有一番風味

　　或者，也能試試民宿的滋味，我在多方諮詢過當地人的意見後，造訪了老字號的「明園溫泉山莊」與南台灣第一家合法民宿「溪畔‧老樹山莊」。明園稱得上是當地最早期的溫泉民宿，現已傳承至第四代，早年類似招待所型式，只接待親朋好友來泡湯，一條由溫泉源頭直通民宿的管線，讓明園的溫泉有口皆碑，後來才應朋友要求演變成民宿，至今仍只有懂得門道的熟客會前來，也是許多達官顯要的最愛，6年前還曾進行微幅整修，提供山泉水與泥漿熱泉的兩階段泡湯法。

　　「溪畔‧老樹山莊」則是另一種風情的民宿代表，被暱稱為徐莊主的徐良達，特地從高雄遠道前來定居，他早在民國83年就被關子嶺的好山好水所吸引，3年半前將這裡申請開發成民宿，希望能與旅人共享這處恬靜空間。

　　徐莊主宛如一位生活藝術家，因愛看《八千里路雲和月》節目，而開始浪跡天涯；因喜歡追求新知，而在60歲之際，前去報考調酒師執照，我邊啜飲徐莊主調製的咖啡，邊聆聽他的故事，直到夜幕低垂那一刻才驚覺，原來我體驗到的，正是民宿特有的動人情懷。

觀奇景賞楓紅　煩憂除身心爽
水火同源傳說趣　紅葉公園景致佳

　　體驗過關子嶺特有的泥漿溫泉後，接著還是不能免俗的造訪在地景點，畢竟來到關子嶺，不暢遊古蹟奇觀實在就像是沒來過，因正逢初秋，我首先直奔入口處距離關子嶺老街不遠的紅葉公園，努力爬坡數階梯，氣喘如牛的我，正叨叨念著後悔沒開車上山，沒料到石階兩側的楓紅，馬上就閃耀著火紅身影跟我打招呼，我忘了煩憂的忙著拿起相機，捕捉這最美麗的款款「楓」情。

　　接著，我不假思索的選擇再奔往著名的「水火同源」，希望找回兒時的記憶。雖然午後的天空飄起細雨，但在布滿臘腸樹下的「水火同源」，依然奮力的燃放著熊熊烈火，泉水從崖壁孔隙中流洩而出，而池中岩壁又在天然氣助燃下冒出火燄，打破了水滅火的定論，形成既矛盾又怪異的奇特景象。

　　有好事者將此處賦予傳奇，據說遠古時代火龍與水虎因意見不合而搏鬥爭勝負，卻落得兩敗俱傷的下場，形成「火龍化為火、水虎化為泉」的龍虎傳奇景致，後來縣府取其水火可相容的特點，做為立縣的精神標誌，盼能以萬物成長、相容共存之景，來勉勵人處世圓融和諧。

漫步碧雲公園 發思古之幽情
四周煙霧繚繞 恍若置身仙境

　　水火同源經用心規劃後，形成一處擁有木棧道與造景的美麗園地，和舊式樣貌有顯著的不同，另還設有一條1,300公尺的步道，漫步前去可直抵碧雲寺。碧雲寺是關子嶺人口中的「新岩」，而「舊岩」指的則是大仙寺，據說早在清乾隆時期，一名為李應祥的文士自大陸來台，先登上大仙岩，後為尋求晚年隱居修行之處，覓得枕頭山南腰的麒麟穴，於是從大仙寺迎回觀音聖像坐鎮在此，這也是碧雲寺開山的源起。

　　晚期有8位儒生因仰慕李應祥的學識，偕書僮前往拜師苦讀，沒料到連同書僮9人都順利登科，為感佩觀音保佑，於是合資購買當時隱遁修行的田地興蓋寺廟，稱之為碧雲寺。走過碧雲寺前的木棧道，我來到碧雲公園裡他們當初修行的洞穴，從此處遠眺碧雲寺，能見到觀音大士、碧雲寺與山脈連成一線的景致。

　　離開新岩轉往與碧雲寺同為三級古蹟的大仙寺，整座殿宇美輪美奐，參天的古木、恬靜的環境，可說是台灣第一，廟宇正門採牛背燕尾屋脊設計，搭配寺廟外由金龍、寶塔所構築而成的庭園，結合廟宇與公園、莊嚴與休閒的多重氛圍，當氤氳的煙霧繚繞其中，真的恍若墜入仙境。

六重溪沙粒溫泉　美麗的意外
原湯民宿　坐擁山林　遺世絕俗

　　雖然關子嶺的風貌，值得我再三留戀，但喜好嘗鮮的我，想要試試不同的溫泉，聽說鄰近關子嶺的六重溪部落也有溫泉，於是我將車子轉回碧雲寺，從碧雲公園前的南96縣道，跟著指標前往溫泉點，沿途循著小路、穿越竹林，有種遺世絕俗的錯覺，一度懷疑自己開錯路，約莫半個小時後，終於看見一棟坐擁山林的原湯民宿，這裡就是開幕約2年的「千霞園」，也是唯一一處可以享用六重溪溫泉的地方。

　　民宿主人潘信智說，六重溪溫泉是一個在山壁下的獨立泉眼，日治時代日本人因前來挖掘油礦，意外發現溫泉，過去僅是探勘研究的野溪溫泉，後來才由他開發設立民宿，直接從源頭引用泉水。跟關子嶺溫泉屬於同一泉脈的六重溪溫泉，都被歸屬為碳酸氫鈉泉，同樣帶有溫泉沙粒，但六重溪溫泉卻不若關子嶺溫泉般水質混濁，他說，六重溪溫泉的泥漿濃度，大約是關子嶺溫泉的1/5。

　　我將溫泉蓄滿整個湯池，意外的發現溫泉水呈現淡青色調，泡起來似乎還帶著點油礦味與鹽味，捧泉在掌心卻又聞到淡淡的香氣，有別於以往泡溫泉的經驗，一下水浸泡時也沒有像關子嶺溫泉，擁有「立即滑嫩」的感覺，但泡沒多久起身後，全身有如做完精油Spa般細緻，讓人驚奇連連。

景點

平埔文化園區 尋回流失傳統
中斷半世紀 重啟夜祭太祖五姊妹

　　泡完溫泉，跟潘信智聊天的當頭，才發現下一個目的地「六重溪平埔文化園區」原來離這兒不遠，更驚人的是，他的阿祖，竟然就是平埔族祭典中引領祭儀的重要人物「尪姨」。

　　潘信智說，六重溪部落至今約有100多戶，當時祖先因為六重溪豐沛的溪水與豐富的魚蝦資源，因而選擇在此處落腳。不過在我翻閱文史資料後，也發現許多不同的說法，有一說是因原住在玉井盆地的大武壠社受目加溜灣社的侵逼，部分社民沿著曾文溪北上來此建立部落，日治時期的「噍吧哖」事件，更讓受波及的大武壠社社民避居於此，形成聚落。

　　我對平埔族的文化很感興趣，便向民宿主人告辭，直接就往文化園區中的公廨邁進。由部落居民捐地建置的公廨正在整修中，為的是讓部落居民有祀奉祖先之處，也要讓近年來才剛恢復已中斷50多年的祭典活動，有更完善的空間。

　　由竹籠厝搭建的公廨分為兩室，分別祀奉清水老君與太祖五姊妹，太祖五姊妹沒有形體，以5個甕依序排列，用米酒與檳榔祭祀，每年農曆9月14日晚上到15日凌晨，則是太祖五姊妹的夜祭，部落居民各個期許能找回夜祭，覓得流失的傳統文化。

白荷陶坊　人生百態捏進陶土

書畫捏陶染布　開放民眾體驗

　　離開六重溪，我持續往白河方向前進，準備到「白荷陶坊」休憩。由當地藝術家林文嶽所創立的白荷陶坊，是一處集合染布與陶藝體驗的地方，同時也設置民宿，開放給喜歡恬靜氛圍的旅人，一座冥想的園地。

　　到陶坊那一晚，他剛從澎湖回來，他仍自在的坐在工作桌前，捏製多種面貌的陶土人物，林先生說，這是民俗陶藝的一種，捏的正是「常民百態」的表徵。陶藝是他最擅長的技藝，將日常對人生的觀察，投射在作品本身，「這也不只是作品，而是一種歷程」，他強調著。

　　我環顧四周，整座陶坊擺置的不只有陶藝，還有許多書法畫作、荷染包、蓮花茶道茶藝組等，多元化的作品中，帶有濃厚的原創性與鄉土味，他說，以蓮花美感與白河鄉土為意涵的多媒體創作，為的是把傳統農業提升為文化產業，將在地的荷蓮農作物，賦予不同的意義。

　　林文嶽不僅自己畫荷、捏陶，也開放讓民眾體驗，每年蓮花節還會舉辦蓮花藝術創作研習營，同時發起能讓蓮田景觀永續傳承的「蓮亭認養」活動，更與白河鎮的學校合作，舉辦「敬師茶道」，教導學生「入、坐、

35

需、荷」的奉茶精神，他盼能建立起恆久性的傳統，讓傳統農業產業，化身為能結合文化與美學的新人文價值。

白荷陶坊好比是一座開放型的藝術成長空間，是社區共有的基地，來到陶坊的我，也想體驗繪製蓮花T恤，一開始覺得自己下筆太重，顏色怎麼看都不協調，但聽到陶坊工作人員隨口一句「愈畫愈好哦！」的讚賞，我想起林文嶽曾說：「藝術不止是滿足創作者本身的經驗世界，而是讓大家都能欣賞。」我再看一眼我的「大作」，突然覺得初學者能畫這樣，其實也不錯。

當晚我住在陶坊裡簡單的雅房內，但內心卻無比充實，因為林先生對美學藝術是一種生活歷程的觀念，還在我腦中迴響著，耳邊聽著在都市幾乎已消失滅跡的蟲鳴鳥叫聲，這一夜，我睡得特別香甜。

道地小吃必嘗 上街坊覓美食

豆菜麵、潤餅、煎包 Q勁鮮味入口即知

　　隔天一大早，我就早起覓食去，聽陶坊的工作人員說，中正路上的白河市場有很多道地美食，最不容錯過的，就是白河特有的「豆菜麵」，在北部長大的我，從來沒吃過豆菜麵，興致勃勃的到傳統市場，找到開了80年的「吳豆菜麵」，看到層層堆起的黃澄澄麵條，很是誘人。

　　老闆娘說，麵條是每日早上現做的手工麵，混著豆芽菜煮熟後堆放等麵涼，客人點用時再淋上滷肉、醬油等製成的特調醬汁，吃起來跟涼麵有異曲同工之妙，我點了一碗豆菜麵和肉羹湯，全部居然只花30元，吃起來極富Q勁的麵條，配上豆芽菜更是清爽，雖然我很少一大早就吃麵，但老闆娘說他們每天從清晨4點多就開始營業，賣到中午才收攤，因為當地人過去多半務農，需要吃澱粉類的食物當早餐，才有力氣工作。

　　除了豆菜麵，斜對面的「白河潤餅」，也是當地人推薦的必嘗小吃，據說潤餅原本是清明節前後民間的應景美食，從元宵節到清明節的掃墓期間，家家戶戶會費工的親製餅皮，後因時代變遷，演變成直接到市場買現成的潤餅應景，慢慢的有許多人也將潤餅當正餐，造就潤餅成為白河的代表小吃之一。

　　白河潤餅的餅皮由麵粉製成，包入高麗菜、蛋皮、韭菜、三層肉、桂竹筍等豐富的內餡，再撒上糖與花生粉，捲起滿滿的美味後即可食用，和其他地區的潤餅不同之處，是白河的內餡還加有豆菜麵，將白河特有的美味，全數合而為一。

　　雖然吃得很飽，可是又不想錯過近十多年來才崛起的「白河大廟口水煎包」，離市場3分鐘路程的廟口前廣場，從早上6點半就有小吃設攤，其中一家賣了13年的水煎包小攤前，人潮總是絡繹不絕，我點了生煎湯包、鮮肉脆筍與大腸豬血湯，一入口果然有與眾不同的好滋味，吃得出鮮味。而強調不加味素，選用上等新鮮豬肉、關子嶺脆筍等食材的老闆娘說，堅持品質就是她唯一的秘方。

白河潤餅中包有豆菜麵，是在當地才吃得到的口味。

騎鐵馬遊蓮園　偷得浮生半日閒
綠蔭夾道　逍遙迎風　鷺鷥相隨

　　吃得太撐的我，想起剛才白荷陶坊門前的自行車，於是我跑回陶坊借了輛自行車，準備來一場白河鎮上近來極為流行的「單車賞蓮」之旅，其實在竹門社區、汴頭社區、茂勝農場與忠孝街上的運達利公司等，也都可以租借自行車，提供旅人享受乘風逍遙的樂趣。

　　白河的賞蓮路線依難度區分多條車道，而在白河蓮花節舉辦的活動中，主辦單位規劃出全程為23.57公里的主要車道，路線包括以白河運動公園為起點，途經林初埤、小南海、大山宮、詔安社區、蓮花公園、竹門綠色隧道、竹門社區到汴頭坊子林，最後再回到運動公園。

　　體力不夠好的人，要騎完全程實在有點難度，不過能奮力的踩單車，穿越迎風搖曳的絢麗蓮田，也有一種偷得浮生半日閒的愜意，我騎到小南海普陀禪寺旁，觀賞白鷺鷥歸巢的壯觀景致；又輕踩到綠色隧道下，沉浸在被芒果樹群夾道歡迎的浪漫氛圍中，那些偶像劇裡鋪陳的場景，怎麼也比不上眼前這些大自然所賜予的美景。

蓮花入食製茶 品味蓮鄉之美

糕餅、麵條、冰棒 色香味俱全

　　騎經大竹里時，我看到坐落在路旁的「白荷蓮香亭」，看到一畦畦盛開著香水蓮花的蓮田，我立刻停車入內拜訪，接待我的是女主人林秋香。

　　蓮花的花季在每年的6到8月，不過白河還是有許多像白荷蓮香亭一樣，屬於全年開放的賞蓮區，林秋香在滿溢著中國古典風的涼亭中，幫我上了一堂蓮花課，包括荷花也俗稱蓮花，但蓮花卻不一定都是荷花，還有葉子平貼在水面上的是睡蓮；葉子挺出水面的是荷花，而荷花花瓣中間有蓮蓬，葉片不沾水，當然這只是最概略的分法，還有許多例外的花種。

　　看似簡單的蓮花，有著很高深的學問，但騎了一大圈自行車的我，卻對手上的連藕茶比較感興趣，林秋香讚我識貨，她說這可是將蓮藕熬煮3至5小時調配而成的極品，具有改善體質、增強免疫力的功效。興致一來，她又親手烹調包有粉蒸排骨的荷葉飯讓我品嘗，一打開荷葉就滿溢淡淡的清香，飯後再配上一碗蓮子木耳甜湯，相當爽口。

　　林秋香說白河鎮的農會和農民致力開發各式蓮製品，如蓮藕粉、蓮藕糕、蓮藕餅、蜜藕片、香脆蓮子、蓮子麵條、蓮子冰棒，及香水蓮花茶等。我啜飲了一口蓮花茶，香甜甘醇的滋味盈滿唇齒，林秋香取出泡過的蓮花，瀝乾水分輕輕擠壓，露出潛藏在花卉底部的膠原蛋白，林秋香笑著說她在服用之餘，也會拿來敷臉護膚。

世界級比賽用果嶺揮一桿
高爾夫俱樂部　挑戰27洞高難度球場

　　連待了幾天白河後，接下來要轉往鄰近的東山鄉，從白河到東山的第一站，我選擇先到永安高爾夫球場揮一桿，在全台南共有的5座球場中，永安稱得上是困難度最高的球場，據永安客服部經理施文洋說，永安擁有27洞國際標準果嶺的大場地，依山勢而建的球場，是世界三大設計師之一Pete Dye的作品，也是名設計師在東南亞唯一的鉅作，球場採複合式經營，有住宿客房、健身房、KTV與Lounge Bar，是台灣少見的綜合型俱樂部。

　　來到東山，不妨到此揮上一桿，享受和煦陽光，體驗汗水淋漓的快感。永安也顧慮到親子同行的需求，特別設置兒童遊戲室，讓大人、小孩都能在此盡興放鬆身心。

永安高爾夫俱樂部的大廳頗具歐洲風情。

41

東山咖啡園區　發現台灣好滋味
到175咖啡公路品味甘醇

　　順著高爾夫球場再往山上走，我準備前往著名的東山咖啡園區，山路的兩側不時見到龍眼與青皮椪柑的身影，印證了東山鄉的蔬果種類豐富多元，為了一窺175咖啡公路的全景，我直奔「丹品咖啡二館」，試著由上向下眺望，丹品老闆賴東啟利用虹吸式煮法，特調出兩杯甘醇的咖啡，準備對我講述關於東山咖啡的故事。

　　園區包含南勢村與高原村，咖啡栽培園主要集中在鄉境東側的大凍山系中段，海拔在300至800公尺間，目前東山鄉咖啡豆種植面積約有130公頃，是目前台灣咖啡的最大產區。賴東啟說，早在民國57年，現「鄉舍咖啡館」館主的祖父曾綠波，首度將咖啡帶到東山栽種，後由「黃世賢咖啡館」的主人接手改良，而真正大面積培植咖啡樹的農民，則是賴東啟的父親賴正雄。

　　賴正雄展示著阿拉比卡種的東山咖啡豆，告訴我南、北回歸線間又稱之為地球咖啡帶，雨量、溫度與土質都適合咖啡生長，尤其在北回歸線以南產出的咖啡豆，咖啡特別甘醇，賴正雄同時也透露，由老欉咖啡樹所採收的咖啡豆，豆子硬、密度高，不苦、不酸澀的口感，嚐來潤喉回甘，最是誘人。

　　目前整座園區約有20多家咖啡廳，好奇的我在離開丹品二館後，沿著175縣道一路尋訪，「十方源咖啡廳」特別分出公豆咖啡與母豆咖啡做販售；宛若人文藝術展示館的「大鋤花間」，現今仍堅持用傳統機器烘焙咖啡豆；「瑪哩珈琲」的招牌咖啡雞料理，為傳統雞湯解除油膩、增添清甜，是一道教人難忘的創意料理。

　　最後，我來到「黃世賢咖啡館」找黃世賢談天，聽著曾當過廟公的他，將咖啡的苦、酸、甜三合一滋味，比喻成天公爐的三角鼎，是一種生命激素的表徵，看著滔滔不絕的黃世賢，我突然覺得正在品嘗的東山咖啡，多了一股「黃世賢味」，原來，主人的品味與咖啡的滋味，真的是「等號」。

東山氣候、土壤適合咖啡生長，產出的咖啡質佳味甘。

歷史碾米廠
建築式

閒置空間再生　打造咖啡文化館
東山農會巧思　提供懷舊休憩站

　　像是喝不夠咖啡般，下山後我又來到「東山農會咖啡文化館」，民國96年10月開幕的文化館是文化與產業結合的成功典範，東山鄉農會將在日治時代興建的舊穀倉與碾米工廠，以閒置空間再造重生的模式，在古蹟旁打造東山驛站，並開放閒置空間供遊客參觀，提供一處懷舊聚會的休憩站。

　　這裡的咖啡豆來源，全由東山鄉的5家咖啡產銷班的成員所提供，咖啡豆除了用來研磨現煮外，也製成「175縣線」、「上品」等不同品牌的即溶包來販售。

　　我喝了一口驛站的咖啡，再次體驗東山咖啡質好、氣味香濃、口感甘醇的特性，熱情的廖幼珍再泡了一杯冰涼的蜂蜜茶給我喝，要我試著品味東山的另一項特產──「龍眼蜂蜜」。

龍眼蜂蜜香氣濃郁，是東山的另一項特產。

東山特產 名聞遐邇
龍眼乾滋補 蜜純潤喉 鴨頭涮嘴

　　龍眼蜜的源頭，當然是來自龍眼樹上盛開的龍眼花，因台南縣是全台龍眼的首要產區，其中東山鄉龍眼的栽種面積，又居全南縣之冠，因樹種好、土質佳，除可被汲取為優質的龍眼蜜外，種出來的龍眼大又圓，再遵循古法用傳統土灶柴火烘焙龍眼，就成為另一項著名的特產「龍眼乾」。

　　聽當地人說，有許多孕婦產後會以龍眼乾當作補品，將龍眼乾、麻油、老薑片，快炒爆香後煎蛋，能達袪寒補血的功效，我找不到有店家販售這味特殊的補品，但卻在合記卻發現用龍眼乾與龍眼蜜當滷汁配方的「東山鴨頭」。

　　幾乎與東山畫上等號的東山鴨頭，創始老店是與驛站同在中興路上的「籃記東山鴨頭」，已逾50年歷史的籃記，在因緣際會下開始賣起鴨製品，籃記老闆娘強調，鴨頭要好吃，就要用生過蛋的母鴨，才會乾潤少油脂，經去細毛、汆燙、油炸與約4個小時的燉滷後，才能產出入味又不死甜的絕品。

傳統小吃 攤攤美味
排骨酥、粉圓豆花、肉丸、蚵嗲 引人垂涎

　　讓人垂涎欲滴的鴨頭，只是東山鄉美味的其一，沿著被規劃成東山形象商圈的中興路向前走，沒兩步路就有一家超過50年歷史的美食，我一路從「湯皇東山排骨酥」、「日喜粉圓豆花」、「張東山肉丸」吃到「周東山蚵嗲」，大祭五臟廟。

　　第一站來到有80多年歷史的「湯皇東山排骨酥」，點用招牌排骨酥湯，老闆鄭旭峰說，要精選上等排骨，以醬油、糖等醬料浸滷約1小時，沾上地瓜粉油炸，再裝進甕中添加祖傳特調醬汁入蒸籠，細火慢燉約8小時，才可成就出這道極品排骨酥湯，我聽完後迫不及待喝了一口看似清淡、實則濃郁的湯汁，嘗來口感竟出奇的滑順，再吃一塊排骨酥，體會入口即化的綿密與細緻，我終於瞭解排骨酥會與鴨頭齊名的道理。

　　挺著吃撐的肚子，我還是嘴饞的依序品嘗粉圓豆花、肉丸與蚵嗲，吃到了日喜堅持用紅番薯粉特製的粉圓、用洋菜粉特製的豆花，日喜的古早味製法，擄獲我的胃；東山肉丸張老闆用在來米磨製的外皮，加上用後腿肉、香料等當作內餡的肉丸，也深得我心，食用時再淋上以米漿特調的濃稠醬料，感受皮薄餡多的飽實感；臨走前我再到轉角，外帶一份炸蚵嗲，輕咬一口用麵粉、玉米粉與豆粉製成的外皮，鮮蚵的甜美，立即蔓延。

西拉雅族夜祭　謝祖靈求平安
吉貝耍部落　保存傳統文化

　　我難以忘懷東山諸多的傳統美味，但我更沒忘記今晚是農曆的9月4日，也就是正逢東山吉貝耍人一年一度的平埔族夜祭，趕回飯店先小憩一番，因夜祭進行的時間，是從晚上11點到次日凌晨，我提早在晚上10點抵達吉貝耍大公廨，看見廣場前放置了約20頭的全豬。

　　夜祭是西拉雅族特有祭典，而吉貝耍更是目前保有傳統夜祭最完善的部落，問過吉貝耍文史工作室負責人，同時也是祭典主持人的段洪坤後，才瞭解全豬是用來還願，也就是這一年來曾向祖靈「阿立母」立下大願者，都會在夜祭中以豬當作祭物。

　　段洪坤說，「阿立母」沒有神像也沒立牌，僅在壺中插上澤蘭等植物，用米酒與檳榔當祭品，祭祀的對象並不一定是「壺」，也能是瓶、甕等器物，重點是在壺中裝盛著代表祖靈神力的「向水」。

　　向水類似道教的「香灰」，具有民俗療效，夜祭這一晚，族人會由尪姨或向頭引領，歷經開向、點豬、敬酒、覆布、過火、翻豬等儀式後，再將向水放在廣場中央，由部落婦人牽手圍繞，以傳統舞蹈歌謠進行「牽曲」答謝祖靈，末了再一同飲用向水，祈求平安。

吉貝耍孝海祭 慎終追遠
吟唱牽曲 感念祖恩 場面動人

　　5日凌晨3點多，結束已維持數百年歷史的傳統夜祭，緊接著是下午的吉貝耍特有祭典「孝海祭」，傳說祭典的由來，是因當年祖先渡海來台時，有先人死在海上，於是後代族人需在這一天到海邊祭拜祖靈，另一說是為紀念吉貝耍祖先的恩人，也就是在9月5日遭雷擊致死的「阿海」。

　　其實不論緣由為何，重點還是吉貝耍人緬懷祖先的心意。未臨海的吉貝耍部落，選在農路上進行孝海祭，面向西南方大海處遙拜祖靈，村人「擔飯菜」在路旁祭拜，同樣再由尪姨或向頭進行「開向」、「點飯菜」、「請神看海戲」、「牽曲」等儀式，整個歷程約1個半小時。

　　祭典當天豔陽高照，我望著跳牽曲的婦女，在豔陽下重複吟唱著，不知過了多久，哭聲猛地出現，一名唸唱牽曲的婦女，突然大聲痛哭，旁人急忙讓她喝下「向水」，過一會兒，另一個哭聲又湧現。前一晚，我就聽部落裡的人說過，他們唸唱這些歌，常常會因為感念祖先的恩澤而落淚。

　　哭聲在我耳邊迴響著，我看著場上最高齡已75歲的婦女，仍認真的牽曲，未著鞋襪的她們，全身被汗水浸濕，卻持續一步步踩在被烈日曬得滾燙的路上，突然，我的眼淚也溢到了眼角，我不是平埔族，也沒有想起我的祖先，我的淚水，是為了眼前這些堅持傳統意念的平埔族而落下。

旅遊資訊

❀ 關子嶺風景區
地址：台南縣白河鎮關嶺里

❀ 木成香菇場
地址：台南縣白河鎮關子嶺31-4號
電話：06-6822086

❀ 湯泉美地溫泉會館
地址：台南縣白河鎮關嶺里15號
電話：06-6822282

❀ 明園溫泉別莊
地址：台南縣白河鎮關子嶺粗坑84號
電話：06-6822507

❀ 溪畔‧老樹山莊
地址：台南縣白河鎮關子嶺35號
電話：06-6822093
網址：http://www.oldtree.url.tw/

❀ 大仙寺
地址：台南縣白河鎮仙草里岩前1號
電話：06-6831270

❀ 碧雲寺
地址：台南縣白河鎮仙草里火山路1號
電話：06-6852811

❀ 千霞園原湯民宿
地址：台南縣白河鎮六溪里六重溪123號
電話：06-6842123
網址：http://066842123.mmmtravel.com.tw/?ptype=info

❀ 六重溪平埔文化園區
地址：台南縣白河鎮六重里六重溪76之15號

❀ 白荷陶坊
地址：台南縣白河鎮崎內里5鄰38號
電話：06-6850339
網址：http://www.wrstudio.idv.tw/

❀ 白荷蓮香亭
地址：台南縣白河鎮大竹里120-26號
電話：（日）06-6852052、（夜）06-6859997
網址：http://paiho.ho.net.tw/
園區活動：免費入園參觀蓮花生態池

❀ 永安高爾夫鄉村渡假俱樂部
地址：台南縣東山鄉東原村斑芝花坑39號
電話：06-6862208
網址：http://www.wingongolf.com.tw/

❀ 東山咖啡園區
地址：台南縣東山鄉高原村與南勢村，以崁頭山乎佑宮為中心點，沿著175縣道全線

❀ 東山農會咖啡文化館
地址：:台南縣東山鄉東中村中興路1號
電話：06-6805359
網址：http://www.dongshan.org.tw/coffee_frame.html

❀ 吉貝耍文史工作室
地址：台南縣東河村吉貝耍133號
電話：06-6338051
參觀資訊：可預約西拉雅族文化、吉貝耍夜祭等文化導覽

虎頭埤 旅遊線

（大內鄉、善化鎮、山上鄉 & 新化鎮）

啤酒香・老建築・特產三寶

在見證過往風華的老建築前，
痛快飲一杯啤酒。
透心涼的啤酒醒人神經，
清醒的腦袋看到了老台灣的美麗。
所以，拋下城市亮麗的衣裳吧！
穿過百年亭仔角，從老店回瞻，
是否聞到了從虎頭埤水庫越過山頭吹拂而來的清風？

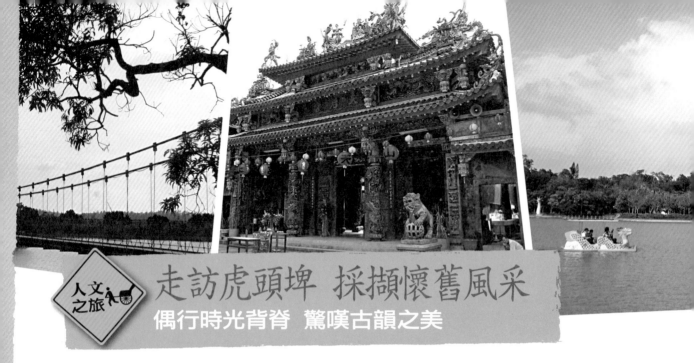

走訪虎頭埤 採擷懷舊風采

偶行時光背脊　驚嘆古韻之美

　　旅行有趣在於前往目的地的過程中，美麗的風景就在當中，站在目的地回首遙望，發現深植心中的竟然就是這些不經意的過程。這趟以「虎頭埤水庫」為標的的旅程，我將位在南端的虎頭埤水庫安排在行程最後一天。

　　虎頭埤風景區位在新化鎮東方虎頭山麓，水庫建於1864年，有台灣第一水庫美稱，也被稱為小日月潭，從善化鎮南行，一路行經山上鄉、穿過新化鎮才來到虎頭埤，旅程開頭就被善化的啤酒給吸住了腳步，帶著微醺的醉意，看著山上鄉人們對百年天后宮的虔誠之心，坐在郭阿嬤的冰枝店內聽她說人生、看日治時期的華麗水利工程建築、最後帶著山上最著名的水果酥再啟程。

　　過往的老舊韻味一路陪伴，腳步被新化老街絆住，那裡豐藏著就算耗上一整天也說不完的故事。最後在大坑休閒農場裡，被美麗的主人給餵飽了肚子，原來鳳梨、竹筍、甘藷這三樣被稱為新化三寶的特產，經過新世代美麗主廚施了魔法之後，傳統特產換了新樣貌的美味，引人垂涎。

　　最後，在火紅的夕陽下站在虎頭埤的吊橋上，遠看粼粼湖水，原來人生之美就在此時，這就是旅行令人著迷的魅力所在。

天文教育園區　悠遊浩瀚宇宙
視野佳光害少　設備專業賞星悦目

　　大內鄉的「南瀛天文教育園區」，是我旅程的首站，原因在於此處交通便捷，由86快速道路即可抵達，此外，民國96年營運的園區，是南部最主要的天文教育基地，有著光害少、視野佳，與晴夜率高的良好條件。

　　佔地12公頃的園區，擁有觀測室、多功能圖書閱讀室、天文展示區、星座廣場與戶外觀星平台，據園區推廣組組長張敏悌説，未來還會建置登山步道、風味餐廳與星空劇場等，用以整合天文專業知能與身心靈合一的全人教育模式。

　　我邊聽張敏悌的解説，邊看著平頂觀測室裡的兩架天文望遠鏡，雖然造訪時仍是大白天，但透過告示牌與電腦，看見先前從望遠鏡裡觀測到的太陽黑子與日珥；再到圓頂觀測室中，見到全國平地最大的76公分牛頓反射式望遠鏡，配合高靈敏度的CCD天文攝影機，我感嘆著科技得以延伸民眾視野的能力。

　　張敏悌見我是個好學寶寶，於是很夠義氣的跟我説了數個「秘辛」，他説太陽會演化，50億年後人類無法在地球生存，全得移民火星去；還有太陽系在民國95年從9大行星變成8大行星，但被除名的冥王星，某天也有可能會再重返列名。

古法提煉胡麻油 提味好幫手

傳香50年 蚵嗲酥鮮甜

　　浩瀚星空世界讓人著迷，雖捨不得離去，但待了一上午的我，肚子餓得受不了，只好到市區去覓食。大內是個質樸的小鎮，我在街上晃了兩圈後，整條街上的人，就已知道有外來客在找美食，本身開設小吃攤的店老闆，突然冷不防的在我停好車時跑來，伸手指了前方路旁小攤對我說，那家賣了50年的蚵嗲一定要試。

　　我走向前，看到一對老夫妻認真的炸蚵嗲，午後約1點半才營業的小攤，人潮已是絡繹不絕，將黃豆和在來米以傳統古法磨製的米醬，包裹高麗菜、絞肉與鮮蚵，比一般蚵嗲油炸時間還長的製法，表皮仍呈金黃色，我排隊買了一份25元的蚵嗲，一入口就感受唇齒留香的氣味，原來小村莊裡也有隱匿的好滋味。

　　往前行再到大內鄉農會，發現農會有代售農民的酪梨、鳳梨等鮮果，農會員工說，大內鄉盛產各式水果，有「甜美之鄉」美稱，其中酪梨栽種面積達350公頃，產量佔全國總量的2/3，高居全國之冠；「大內胡麻油」也是農會力薦的特產，以鄉內生產的高品質國產胡麻，用古法提煉，營養成分極高，是佳餚提味的好幫手。

以古法製作的蚵嗲、炸蘿蔔糕，淺嘗一口就吃得到美味。

頭社公廨 典藏西拉雅文化
太上龍頭忠義廟夜祭 規模全台之冠

　　吃飽後再轉往同在大內的頭社村，我在尋找「頭社公廨」，為的是一探知名的平埔夜祭發生地，原本約好的公廨主委臨時有事，我只好在街上隨意攔人問路，沒料到剛好有一名洪來秀女士，正是教授當地婦女在夜祭裡跳「牽曲」的老師，她熱心的帶我前往公廨，對我講述部落裡的文化。

　　先前聽文史工作者段洪坤老師說過，頭社部落裡大部分住民屬西拉雅目加溜灣社，因地處平原進入玉井丘陵盆地的出入口，所以西拉雅各社住民在遷移內山前，會先以此為落腳處，並與漢人進行貿易，頻繁的接觸，因而讓頭社部落的平埔文化與漢人文化有所融合。

　　段洪坤的說法，我在一抵達公廨時就已有領略，因入口高掛著「太上龍頭忠義廟」的牌坊，仿國父紀念館造型的建築風格，明顯就漢人寺廟與部落傳統公廨相結合。一入內先經過兩棟茅草建蓋的西拉雅族傳統建築，其一放置著大內鄉的圖文風貌，另一座放置有棒球好手陳金鋒的簡介，敘述著台灣首位登上美國職棒大聯盟的球員，正是西拉雅族後裔。

　　洪來秀帶我參觀完傳統建築後對我說：「走，去公廨，讓你看我們的太上龍頭忠義廟，是沒有在關廟門的。」我一直到抵達公廨時才發現，原來這間「廟」，根本就沒「門」可關。由三間相連的建築空間所組成的公

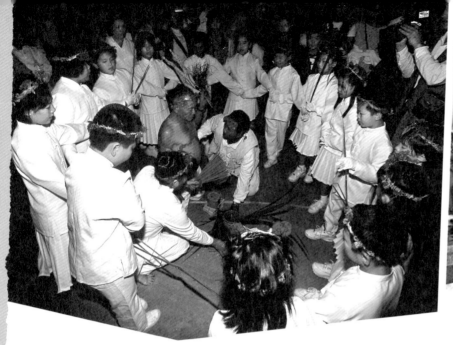

廨，是頭社部落的東、西、中公廨，開放式空間讓人對擺飾一覽無遺，中公廨入口處有兵士座與祀壺，入內就看見太祖案桌。

案桌上擺置包有紅綢、插有雞冠花與澤蘭的祀壺，分別祭祀蕭壠、篤加阿、社仔、灣裡與新港五社的阿立祖，兩旁有牽曲甕、將軍柱等，同時也以米酒與檳榔當祭品，但最特別的是，此處設有金爐，入內膜拜也得以點香，這是與其他地區的平埔公廨最不同之處。

洪來秀說，若我想瞭解部落文化，就要來參加全台規模最大的頭社夜祭，夜祭是在每年農曆的10月14日晚上至15日凌晨，雖然此時未逢夜祭時間，但有幸在公廨旁的「平埔采風文物館」中，觀賞一系列圖文並茂的夜祭介紹，當我見到夜祭中撼人心弦的「喝豬血、吃豬肝」等傳統儀式時，我已在心底盤算，下一次的旅行，不妨就挑夜祭時前來吧！

頭社公廨的祀壺供奉五位阿立祖。

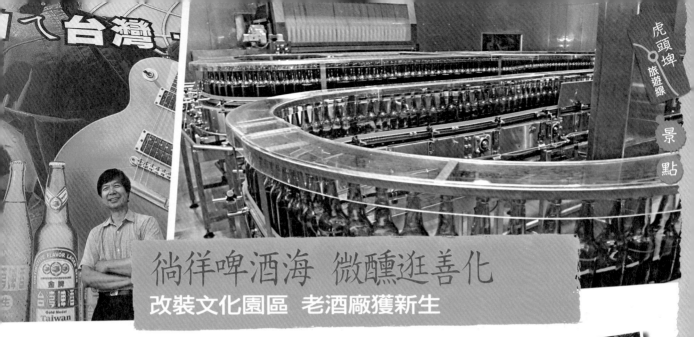

徜徉啤酒海　微醺逛善化
改裝文化園區　老酒廠獲新生

　　濃濃的酵素彌散在空氣中，我整個人浸入啤酒海裡，被淹沒、吞噬，五感所及只有啤酒。「酒不醉人，人自醉。」正好貼近當下跨進善化啤酒文化園區的感覺。

　　原本善化酒廠是不對外開放的，但近年隨著潮流改變，規劃成立啤酒文化園區，發展成以啤酒為主題的觀光酒廠，展開雙臂迎接觀光客。

　　我原本打算花個把小時在園區逛一逛，就可以啟程下一個旅遊地點，沒想到被餐廳的啤酒美食、銷售中心的啤酒相關產品給絆住了，待上大半天不說，還悠閒地在園區餐廳好整以暇的用完餐點、喝了特別的芒果啤酒才啟程，沿途還念念不忘啤酒洗碗精、沐浴品，直嚷著打道回府之前一定要來抱回家。

善化啤酒廠特有的啤酒清潔用品。

　　啤酒佐餐更添風味，是文化園區的特色之一；從西式餐點、義大利麵、中式養生鍋到日式蛋包飯，通通都加入啤酒烹調。以啤酒雞鍋來說，將啤酒、麻油、米酒一起熬燉的湯頭，帶有麻油口感卻不油膩；鮮魚餐則是將魚肉浸泡啤酒，因為啤酒帶有酵素，可以軟化肉質，而且料理之後帶有淡淡的啤酒香味。

未成年請勿飲酒

啤酒紅麴加持 風味美食饗饕客
啤酒花清潔劑 抑菌去油效果佳

用啤酒酵母提煉出來的紅麴，含有豐富的維生素B群，據說可以健康養生，難怪市面上掀起紅麴熱潮，紅麴餐點也成了當紅炸子雞，清爽又香的紅麴香腸炒飯就是人氣餐點，這裡取宜蘭酒廠的紅麴，製成紅麴香腸，口感更香醇，米飯則是將紅麴烘焙再攪碎後，取紅麴水煮米做成紅麴飯，是一道非常養生的餐點。

啤酒麵包也是這裡的人氣食品，經過半年研發之後，採用啤酒酵母活菌來發酵麵粉，製作的麵包不會有脹氣跟胃酸的問題，而且紅豆餡料都是園區麵包師父自己熬煮的，健康衛生有保證，也難怪麵包一出爐就被掃購一空。

展售中心另有多款園區自行研發的產品，也吸引人逗留。啤酒花配方的洗潔精、洗髮乳，聽說用過的都說好。啤酒花可抑菌、漂白、去油，早期人們都拿來洗豬腸，所以這款洗潔精可以拿來洗衣服、碗盤。

以紅麴製作的保健食品，像是榮獲2008年國際Monde Selection金質獎的「安可健紅麴膠囊」，就是以百分百天然紅麴製作，另外以啤酒酵母為主要成分的「台啤酵母」，有助增強體力，去除疲勞的效用。逛過啤酒文化園區，才知道原來啤酒可以生產如此多元化的產品和餐飲。

浸泡過啤酒的魚肉更加軟嫩香甜。

善化老糖廠 品冰賞火車

漫遊百年建築 追尋時光軌跡

　　日治時期善化一帶廣種甘蔗田，製糖工廠因應而生，建立於1905年的善化糖廠在當時稱為台灣製糖株式會社灣裡製糖所，這名字在現在看來特別有味道，可惜無法沿用，故在民國57年改名「善化糖廠」。糖廠走過燦爛的風光時代，但在時代產業轉移之後，製糖工業沒落，糖廠停工沉寂多年，幾乎被遺忘之時，方於民國97年重新開工，再展生機。

　　雖然糖廠製糖作業照常，但同時也開放觀光，僅限定工作廠區不得進入。老舊的廠區建築，在時間歲月的沖刷下的舊容，有著新建築怎樣也無法展現的韻味。

　　一株百年老樟樹不離不棄與糖廠一起相互依存至今，綠葉枝椏由圓周四公尺長的粗幹撐上了天；另一頭公園樹蔭下，展示兩款老火車頭，一是日立品牌的柴油火車，約民國50、60年代期間生產，另一個也是差不多年代的比利時製造蒸氣火車頭。如果你剛好也是火車迷的話，不妨跟我們一樣，先到糖廠的福利社買枝冰棒，好整以暇地坐在戶外椅子上，慢慢品冰賞火車。

來到糖廠，千萬別忘了品嘗糖廠自製的冰品。

山上天后宮 遶境大祭典
鑼鼓喧天炮竹響 鄉民齊聚祈平安

　　到訪山上鄉百年歷史的知名天后宮那天，正好趕上了天后宮神明遶境慶典活動，一整天山上鄉熱鬧滾滾，鑼鼓喧天、各路神明在人群隊伍簇擁下，浩浩蕩蕩行街過路，乩童飛天起舞、鞭炮煙灰漫飛，全鄉居民站立家門前持香誠心等候神明行過賜予的平安順遂，整鄉鎮都籠罩在歡騰的祭典活動中。

　　這場巧遇的天后宮遶境祈福儀式，對於觀光客來說特別新鮮，尤其是人們虔誠信仰也感染了過路人的心，跟著一起合掌閉眼祈求神明保佑，一起加入這場盛會。已經72歲的天后宮主任委員歐來發，指著廟裡牆上天后宮歷年來建築整修的舊照片說著，天后宮正確歷史年代已經不可考了，但至少有160年以上的歷史，看照片上還是土角厝的天后宮，上面記載是光緒6年，現在輝煌的廟宇建築是在民國2年完工。這次的遶境可是山上鄉的大事，歐來發說，這是玉二聖母親自指示的遶巡儀式，是30多年來第一次出巡到高雄三鳳宮，對鄉民可說別具意義。

山上水果酥 皮酥餡實在
芒果 桑葚 鳳梨 風味天然有口碑

　　原本以水果自豪的山上鄉，自從農會研發出水果酥之後，沒想到一炮而紅，打出「山上水果酥」的名號，成了比水果還要夯的熱門伴手禮。

　　水果酥有芒果、桑葚跟鳳梨三種口味，農會供銷部主任謝英南說，山上的鳳梨跟桑葚品質特別好，尤其鳳梨是山上主要農產，將比較小顆賣相比較不好，但品質沒有影響的水果，拿來跟行政院農委會的「田媽媽」合作，正好提供當地二度就業的婦女就業機會，在鼓勵與推廣的美意之下，農會相關人員與「田媽媽」工作人員不斷學習技術、添購設備，在測試半年後，達到滿意水準才正式推出，成功將山上好品質的水果以新風貌行銷全台。

　　堅持手工製作的水果酥，其酥皮原料選用紐西蘭高級進口牛奶，內餡採用純正水果打成的果醬泥，不同於市面上的鳳梨酥口味，小秘訣是加入少許的冬瓜醬，讓味道更到位，而且不加人工香料和防腐劑，經過衛生局食品檢定認證，因此謝英南開心大笑地說，到目前為止吃過水果酥的人都沒嫌棄過，是有口碑的。

傳統冰枝 堅持一輩子的古早味
貨真價實在 吃得到果肉

　　王郭燕阿嬤從17歲開始做冰，做了超過半個世紀，現在已經72歲，還堅持守著這間路邊的小冰店，孩子們都已經離家上都市工作，不需要阿嬤賣冰賺錢，總勸阿嬤把店收起來，享清福去，但是賣了一輩子冰枝的阿嬤放不下，她說，如果她不做了，以後還有誰會做這種傳統的冰枝，可惜了這個古早味的技術。阿嬤說得也沒錯。她每天做冰，從一大早7點就開門，一直賣到晚上10點多，晚上小鎮的店家都早早打烊休息去了，只剩阿嬤的冰店還透著光，比年輕人還要打拚，認真得連附近警察局的警察都看不下去，總忍不住騎著摩托車來催促阿嬤早早關門休息去。阿嬤這麼認真，不為賺錢，懷著的是一份外人無法理解的情感。

　　細木棒上插著細長的冰枝，有白色、咖啡色、黃色、深紅色不同口味的冰枝，全部都用紙包捲起來，咖啡色是巧克力粉做的，黃色是雞蛋，深紅

　　色是桑葚口味，阿嬤很自豪的說，她的冰枝沒有人工色素跟香料。桑葚口味是這幾年她自己研發出來的，山上鄉的桑葚特多，阿嬤自己也有種，鄉鎮如火如荼地發展農特產品時，阿嬤也趕上流行，將自種的桑葚果肉打成汁，加糖熬煮，製成獨門的冰品，阿嬤特製的桑葚冰枝可是吃得到果肉的天然消暑極品呢。

　　一枝冰10元、15元到20元不等，這個價錢是多久以前的定價，阿嬤也不記得了，因為一直沒調漲過。看阿嬤剝開冰枝包紙的雙手，那是一雙勞動的手，不管天熱天冷，天還沒亮就摸黑做冰，兩隻手經年累月浸泡在冰水、冰塊，就算寒流來也一樣，還要不斷來回鏟冰，使勁的力道要夠，不然可是鏟不動堅硬如石的冰塊，有時忙到一整天都沒得空閒坐下歇一歇，就這樣過了60多個年頭。

　　阿嬤身體硬朗，所以儘管兒女一直催促，阿嬤還是堅持要一直做到不能做了，才願意放下一輩子做冰的生活。

景
點

原台南水道 隱身雜草中的寶石

骨董級自來水設備 堅守崗位近百年

　　如果不是當地人帶路，恐怕找不到。沒有任何路標指示，憑藉的是生活當地的記憶來認路，下趟再來，如果沒有熟門熟路的人領路，還是摸不著所在位置吧。印象中車子彎入一條雜草叢生的小徑，四周荒蕪，人煙杳然，正當心生疑竇時，在路的盡頭處，一棟帶著羅馬建築與巴洛克風格混合的石砌碉堡，赫然出現眼前。

　　經過歲月的斑駁更顯風華，牆面以大塊方正石頭砌成，建築形式完全跳脫日本建築的規格，反倒顯露西方城堡的氛圍。從開敞的正大門入內，內部漆黑，領路的自來水公司台南給水廠工程員林信忠此時把手指放在嘴上，意示我們不要出聲，原來內部漆黑的牆上一個個黑點全部是蝙蝠，聲音太大驚擾成千萬隻的蝙蝠飛起，真無法想像置身其中的情景，嚇得馬上噤聲無語，連呼吸都不敢太用力。走過約100公尺長的通道，出了建築豁然開朗，又是另一棟美得讓人說不出話來的老建築。

　　早期台灣因缺乏清潔的飲用水和排水設備，傳染病肆虐，日人治台時期，把衛生問題視為施政的重要工作，當時剛從帝國大學畢業的濱野彌四郎（1869-1932年），跟隨師長前來台灣，從事水道策劃工作。他冒著生命危險在荒山野嶺找尋水源地，不但在山上鄉建立的淨水場，徹底解決台

虎頭埤旅遊線

南飲用水和排水的問題，也完成台北、基隆、台中等主要都市的貯水池和上、下水道工程，因而被譽為「都市的醫師」。

原台南水道就是1922年由濱野彌四郎設計建蓋而成，目前已由內政部訂定為國定古蹟。所謂的水道就是自來水管道的意思，共有五處設施，包括取水設施、沉澱池、濾過氣室、送出唧筒室以及淨水池，列為古蹟的歷史價值包括分列各處建築體，西式鋼筋水泥、紅磚樓房、石砌平屋等等，還有保存完好的機件組，包括14座英國快濾筒及零組件，及天井移動起重機、豎軸式電動機組等，這些機具在台灣自來水產業的生產設備中，都已是難得一見的老骨董。

園區內紅磚老建築在綠地烘襯下，顯得特別清幽，可別以為列為古蹟就等於荒廢無用，此處目前還正常供水，日出水量達4萬至5萬CMD（Cubic Meter per Day，立方米／每天），主要供給南科工業用水。

原台南水道為國定古蹟，紅磚樓房保存良好。

巴洛克老街 見證新化風華

氣派古典洋樓 造就藝術之街

　　1921年在新化西邊街上出現第一棟漂亮的仿巴洛克樓房，就是現在的中正路435號林先主布行，集合工藝技術以及藝術人文的豪華樓房，成了街上最醒目的標的，鄰人隨之仿建，1937年日本政府將整條街商家樓房以造街名義強制改建統一風格，成就這條古典氣派的仿巴洛克建築街道。

　　新化舊名大目降，在「大目降廳」時代，這條街就已經是生意往來活絡，熱鬧非凡，因此當時的屋主多是財力雄厚的生意人，有能力以石材搭配木材建設豪華洋樓。走過80餘戴的老建築，多不堪時間摧殘，略顯斑駁毀損，目前老街還保留約50棟巴洛克建築，可算是台灣保存最完整的老街建築風貌，更在民國90年行政院文建會舉辦的文化資產年系列活動，歷史建築百景徵選中榮獲第二名。

　　現在，馬路上車水馬龍，現代交通工具呼嘯揚長往來，統一制式的店家招牌一絲不苟排列整齊。直到視線再往上看去，才讓人得見歷久彌新的建築之美。細膩的雕刻、講究的技術做工，樓房已經跳脫建築本身的實際功能，在時間的洗鍊之下，早已經轉化為藝術人文之美。

　　新化老街令人玩味的除了走在騎樓外的建築欣賞，晃在騎樓內，見證老街風華的百年老店更是有滋有味。

月子餅產後進補 功效如麻油雞
口味再創新 讓傳統延續

　　晃在新化老街，愈慢愈有味。老米店前坐在矮凳上的阿嬤，已經習慣過往城市觀光客好奇的注目；布行生意淡淡，老闆坐在後方深處，早已見怪不怪只進門來觀光，而不是真正來剪布的客人。這些騎樓下的一間間老店，是見證世代的活歷史，問著當地人老店代表，豪爽的南部人大手一揮，順著指示的方向一看，可不就是走過一甲子歲月的泰香餅舖。

　　老店比比皆是，何以這間餅店非去看看不可？據說依循古法製作的月子餅，現在已經少有糕餅店製作了，而且加入新化三寶之一的番薯為內餡，又被台南縣政府評選為食品特優獎，理所當然地被選為新化鎮的鎮餅。一塊古早餅可以獲如此殊榮，那可真要去瞧瞧。

　　屬於漢餅的月子餅，原叫做香餅，也有人稱為膨餅，現在依口味不同又分為水果餅跟老婆餅，別管那些一大串記不得的名稱，反正都是以無發酵的糯米粉為皮裏，番薯、桔子汁口味屬於水果餅，古早叫水餅，以麥芽糖或黑糖為內餡則是月子餅。

　　下午老街的靜謐突然被打破，一團觀光客以蝗蟲之姿衝進店內，原本狹擠的店面被人潮給癱瘓，老闆周昭安不愧是做了一輩子生意的老練行內人，他一面招呼還可抽空跟觀光客解說水餅的由來。

　　根據早期新化鎮鄉下的習俗，只要哪家媳婦生兒子，在每年1月、2月以及4月固定的日子，必須做紅饅頭來敬謝神明，但是饅頭保存不易，遂改包水果餅代替，並在祭拜之後分送街坊鄰居。這個習俗已經隨著老人一起走入過往，傳承叔叔接下這間老餅店的老闆周昭安，遂將傳統水餅加入自己研發的番薯和桔子口味，改稱為水果餅，繼續將換上新貌的糕餅與古早習俗一起流傳下去。

　　所謂月子餅，顧名思義，早期做月子生活貧苦，哪買得起雞鴨魚肉進補，所以會將餅以溫火加蛋煎麻油來補身，因而得名。聽說如此吃法對子宮收縮特別有效，如果想要依循古法坐月子，不妨試試看。

老街新店 暗藏傳統味豆花
技承岳父擺攤起家 銷售兒時記憶

　　間隔餅店一、兩間店家的冰果店，賣的傳統豆花有小時候的記憶，在大熱天窩到店裡吃一碗最陽春的糖水豆花，才真是逛老街必定要走的經典行程。其實這間冰店不是老店，老闆蔡家承原本是廣告招牌商，為了轉業一切從零開始跟著岳父學做豆花。製作過程全部依著老一輩的傳承，後來慢慢摸出訣竅，以現代技術煮出傳統綿密的豆花，他說，黃豆跟水的比例以及溫度控制是兩個重要關鍵，這部分沒法導入現代精準的計算公式，唯一靠的是經驗的拿捏。

　　學成豆花之後卻沒敢一下子把工作辭掉，就先請太太到菜市場試賣，一碗10元的豆花，竟然可以做到月營業額3萬多元，比蔡家承的薪水還高，有了實際銷售的鼓勵，於是夫妻兩人全心投入豆花攤販生意，做到後來才在新化老街租了店面，開始了店面生意。

　　傳承岳父的古早豆花製法，讓蔡家承闖出人生的新道路，現在他已經是豆花達人，只要經他「檢測」馬上就可試出市場上所謂的傳統豆花道不道地。現在他的紅豆豆花賣得最好，但是可能是個人小時候對清清爽爽的豆花留著既定印象，獨鍾什麼料都不加的糖水豆花，特別有記憶的味道。

老街上新開的豆花店，吃得到傳統的滋味。

景
點

豐榮社區鬥蟋蟀　昆蟲界奧運開賽
黑武士決一死戰　搖旗吶喊助軍威

　　20多年前就在新化豐榮社區開戰的昆蟲界奧林匹克大賽，從早期的數百隻蟋蟀互咬，發展成數萬隻，盛況空前，是明清時代就已流傳至今的民俗娛樂，也是目前昆蟲界中最有制度的賽事，現雖非夏季的賽期，但我循線找到社區理事長蔡朝明，硬是想要一探究竟。蔡朝明請來兩位大哥，帶著他們最強的蟋蟀品種「黑武士」，要來場一對一的決鬥，滿足我這個好奇寶寶的心。

　　只見他們先是捉起蟋蟀放在雙掌間上下交換「溜蟋蟀」，接著把蟋蟀放在特製的戰台中，拿出「貓仔鬚」觸弄蟋蟀，激起蟋蟀戰鬥心，沒多久就見兩隻蟋蟀使勁互咬，即便已傷到腿斷流血，也仍戰火猛烈，而此起彼落的加油聲，也讓靜謐的農村生活，增添熱鬧的氣氛。

為激發蟋蟀戰鬥力，在開賽前得讓蟋蟀在手上熱身。

街役場原屋遷徙 保存歷史建築
楊逵文學紀念館 緬懷抗日革命家

　　老街的韻味，顯現於天際線上的建築、在亭仔角串連下的老店舖以及生活其中的市井小民。手上拎著泰香餅店的月子餅、肚子裡填滿了傳統豆花，繼續晃走在亭仔角下。瞥見老銅製的門牌下至今還在營業、街上最老的中央旅社、還有不起眼的米店、小吃店，原來老街的韻味就在這些日常生活的細瑣之中慢慢滋養，晃到路的盡頭，老街最具代表性的建築——街役場才終於出現。

　　街役場就是鎮公所的意思，建蓋於1934年。拱圓形門廊、台階梯地、圓頂長形窗檻，皆為歐洲文藝復興晚期的戲院建築形式，在日治時期屬非常創新的建築手法。建築主體以洗石子搭配窯磚，據說每一片印有「新案特許」字樣的瓦片，都是特地從日本運送進口。

　　民國85年實際運作的鎮公所遷移到新址之後，留下來的建築體面臨拆除與保存的兩難，最後在各方人士大力奔走之下，以移屋方式讓老建築得以保存下來。在興建66年之後，街役場移厝搬家的再造文化運動，是新化鎮的大事件，當時動用了2,000多人，成功以14條特粗繩索拉移老屋300公尺，為街役場這棟深具文化歷史的老建築再添一筆紀錄。

　　當年使用的粗繩目前展示在外供遊人參觀，可惜這趟來訪不巧，街役場

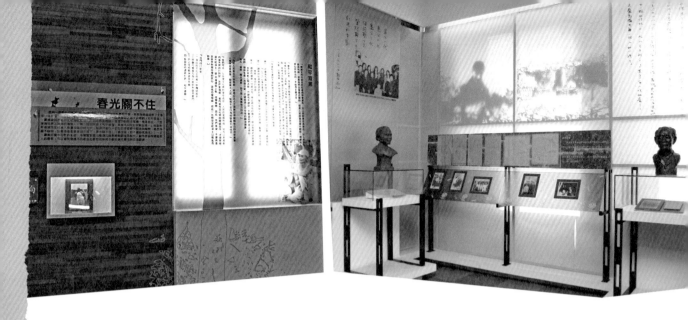

　　的大門深鎖，沒能入內一探，轉到緊臨一旁的紀念館，原來在一新一舊的建築體下，展現的歷史精神卻是一致的，這棟新建築是民國94年成立的楊逵文學紀念館。

　　近1,500平方公尺的建築面積，為一棟兩層樓建築，為紀念日治時期文學家兼社會運動革命家楊逵而設立。1932年楊逵完成他的代表文學《送報夫》，隔年以此篇小說奪得日本《文學評論》徵文第二獎，從此奠定他的文學地位。在此同時，他積極參加抗日農民運動和文化運動，中國抗日戰爭之前被日方政府抓捕入獄十多次，但他堅忍的抗日意志不受挫折，更以《關不住的春光》小說闡述精神，後來小說改名為《壓不扁的玫瑰》，被收錄在教科書中。

　　台灣文學教學創意網上提到楊逵自述：「當時我常常想自己雖只是一個40公斤重的雞蛋，沒有力量抵抗頑石、強權，前後被捕十餘次，但每一次都是手鐐、腳鐐，臉上帶著微笑上法庭、上監獄。他們雖然關了我十餘年，卻永遠沒辦法改變我的思想與意識形態，而且春光是關不住的，我相信總有一天一定可以看到燦爛的春光。」

　　楊逵在台灣新文學運動中佔有重要地位，在文學館內非常難得可見楊逵的手稿，以及他和妻子葉陶、小孩的照片，從這些記錄可見楊逵坎坷的一生。

文學餅 葉陶楊坊 憶新化之光
重現《壓不扁的玫瑰》堅毅精神

　　新化詩人楊逵，一直是新化人的驕傲，造訪新化絕不能錯過新化高工旁的楊逵文學步道，我沿著步道向前行，卻發現終點矗立著一座「葉陶楊坊」餐廳。葉陶楊坊餐廳是一座以楊逵妻子──葉陶為命名的台菜餐廳，以中菜西吃為料理主軸，餐廳為穿透式的景觀庭園，搭配運用新化三寶與葉陶畫像等，作為餐廳的裝潢擺飾，滿溢濃郁的台灣文學氣息。

　　葉陶楊坊的桌上，都有著一朵新鮮的玫瑰花，聽了葉陶楊坊的董事長王麗玲的解說，知道這正是為了喚起食客的記憶，回想起過去曾在教科書中出現過的一文，也就是由楊逵所創作的《壓不扁的玫瑰》。在葉陶楊坊裡，能體會到那個年代裡，楊逵被壓迫的心境，然而，到楊逵文學館與福元餅舖，也一樣能感知楊逵堅毅不屈的精神。

　　「楊逵文學餅」是新化人為了紀念楊逵所研發的糕餅，以楊逵「能源在我身、能源在我心，冰山底下過活70年，到處碰壁卻未曾凍僵」的作品意涵，製作出「冰山玫瑰花糕」，以楊逵招牌帽子做為糕餅樣貌，用綠豆仁包覆玫瑰花釀，嘗來入口即化，是另類緬懷楊逵的方法。

冷烤番薯 風靡日本

多元地瓜食品 最佳南瀛伴手禮

　　老街的吃食除了老店之外，由楊逵文學紀念館、鎮公所和業者一起推出「葉陶粽」，也是只有老街才吃得到的特產。葉陶不僅是賢妻良母，同時也隨楊逵獻身社會運動，是台灣早期女性運動的先驅代表，在楊逵被捕入獄期間，一肩扛起拮据困頓家計，成為典範。她的名字剛好與包粽子的月桃葉諧音，因此當地業者以新化三寶之一的番薯為內餡，推出的葉陶粽也代表了台灣婦女堅忍的精神。

　　除了粽子之外，將新化三寶的番薯包裝為精緻特產禮物，被評選為南瀛伴手禮第二名，就是位在老街中段的瓜瓜園，由地瓜加工的地瓜酥、蜜甘藷丁、蜜甘藷條、番薯脆片以及地瓜藷條等特產採用麥芽糖和黑糖熬煮，口感特別香蜜，總經理陳金柱說，克服技術研發的冷凍烤番薯不僅已經外銷日本，更風靡當地，許多日本觀光客來到新化都指名購買冷烤番薯。

　　所謂的冷烤番薯就是傳統窯烤番薯，將之烤到熟透均勻之後，急速冷凍保存其香氣，在家中只要放入微波爐解凍加熱，就可吃到跟小時候蹲在田裡窯烤出來一樣的番薯口味。

以番薯入餡的葉陶粽，是為紀念楊逵之妻。

高腳樹屋　品味自然悠閒

健康養生鍋　自栽野菜真鮮甜

　　「五號樹屋」手工製作的可愛指示牌不斷出現路邊，讓人確定沒有走錯路。縣道上沒什麼車，經過的地區已經遠離熱鬧的觀光路線，透露的是最道地的鄉間生活。日柔雲飄，風輕樹搖，真是個開車兜風的好日子。經過至少有十個指示牌了吧，沒細數，但是太多次以為是最後一個立牌了，卻在不久之後再次出現，終於在繞了一段山路之後，真正的「五號樹屋」出現眼前。

五號樹屋手工製的指示牌，創意十足。

　　形似東南亞傳統高腳屋的樹屋，真的就是一棟建蓋在樹上的平房小屋，女主人曾麗華小時候在這裡長大，那時候的土角厝家門牌就是五號，所以取名為「五號樹屋」。曾麗華說，長大在城市繞了一圈之後，才知道自己一直嚮往著最單純的地方，於是跟幾個朋友一起一木一瓦的蓋起這間樹屋。

　　上天賜給的恩澤，綻放在土地，播下的種子變成了風、木、雲、水，這些種子滋養了依存土地生存的人們，所以人是大自然的一部分，兩者相依

相存，不可切割，所以回歸原點，將人與大自然融合共生，這就是曾麗華在大樹之上蓋樹屋的精神。

這裡的食物展露著大自然的美麗，野菜全部是自種菜，一部分是女主人的爸媽種養，一部分是當地菜農，有人問她，都是有機蔬果？曾麗華回答，有機是城市人取的名字，住在山上的人都說野菜。

所以在她的菜單上沒有絢麗的菜名，就是簡單的「健康野菜」、「養生山菇」、「山林養生鍋」如此樸實卻是健康滿分的餐點。點了一道野菜火鍋，鍋料的配菜，在顏色擺飾上都美得那麼自然燦爛，本身就是個藝術家的曾麗華說，剛剛準備配菜時，不管怎麼擺放就是覺得少了綠色的大葉菜，馬上跑到樹屋下方自家菜田去摘了一些上來，一放上去之後，平衡視覺美感，這盤野菜的美麗馬上跳脫出來。

曾麗華就是個這麼浪漫的人，不過也因為有著無可救藥的浪漫因子，當初才會在眾人皆反對的情況之下，毅然堅持蓋了這棟樹屋，然而現在的她沒有驕傲也沒有狂喜，只是輕柔地說著：「感謝老天爺給了我一個如此安心的地方。」

時尚姊妹接手 老農場成功轉型

結合木屋SPA 美食 小型動物園 創新再出發

　　如果是從新化鎮出發的話，五號樹屋與大坑休閒農場在同一方向，當天原定往大坑方向前行，下午抵達下一站的旅程地點——大坑休閒農場，那麼中午就隨意在路途中找間吃食店解決，沒想到跟當地人打聽後，不經意發現了五號樹屋，轉而兜到樹屋一屁股坐下就不想走了，整整待了一個美麗的下午，直到天黑了才前往大坑休閒農場。

　　佔地10公頃的大坑農場，在轉型休閒農場之前，是個養雞農場，20年前最輝煌時養了上萬隻雞，擔任行銷經理的大姊蔡佳玲說，小時候是踩著雞蛋和雞屎長大的，後來農場沒落，在民國70多年搭上政府輔導農場轉型契機，在資金不足的窘境之下，將收入轉投建設，一點一滴慢慢改建為休閒農場。現在大坑農場擁有獨棟木屋群、露天SPA水療湯浴、輕便登山步道、野戰遊憩區、高點觀景台、品種達60多種的竹子生態區，還有宛如一個小型動物園養了200多隻孔雀、迷你豬、獅子兔等等飼養區。

　　喜歡自己動手做家具的蔡爸爸不過50歲出頭，已經退居幕後，將農場的經營交給三姊妹，26歲的大姊負責農場對外的行銷業務，在新世代

> 波蘿蜂蜜雞是二十歲出頭的美麗主廚研發出的新菜。

敢衝敢拚的作為之下，引進海外旅客，目前固定的新加坡、馬來西亞、香港旅客，都是在蔡佳玲接手之後的亮眼成績。

二姊蔡佳儒從小跟著媽媽兜在廚房裡，長大獨鍾廚藝，不過20歲出頭已經掌管農場的餐點大任；她以新化三寶特產鳳梨、番薯、竹筍為食材，採用西式料理的烹調方式研發出波蘿蜂蜜雞、焗烤竹筍等獨門口味，對烹飪有新世代的新創意，所以目前固定幫新加坡的雜誌撰寫美食專欄。念高中的小妹最具接班人的架式，她負責坐鎮「場主」的位子，大姊說，小妹年紀小但是腦筋清楚、組織能力強，已有露大將之風。如果來到大坑休閒農場，不要懷疑，農場的經營者就是這三位平均才20歲出頭的三姊妹。

在拜訪過大坑休閒農場後，我來到位在168縣道上的以竹子搭建的「綠谷西拉雅」農園，這兒是不少登山客的必經之地，主人萬正雄夫婦對於推行西拉雅文化不遺餘力，農園裡擺有西拉雅族文物、各種自製樂器及早年台灣社會的農具，想要深入了解西拉雅文化，綠谷西拉雅絕對值得一遊。而同樣位於168縣道上的王家燻羊肉，則是饕客不容錯過的獨特美味。王家的羊肉是選用2至3歲的羊隻，連皮帶骨放入甕中，加入獨門的中藥配方後，用稻殼包裹古甕加以悶燒，悶出入味肉彈牙味鮮美的羊肉，這可是別處吃不到的美味呢！

虎頭埤乘船　靜享鳥鳴唱和
緩行虎頭埤風景區　細觀豐富魚鳥生態

　　乘船緩緩划過湖心，一圈20分鐘左右的時間，即全覽虎頭埤各方角度的風光。搭乘的這艘船是全台灣第一艘以光電板儲存太陽能用以發電的船，無污染的環保概念，花了300多萬打造。在南島烈陽的火紅大球快要沒入遠方那頭之際，依然炙烈，那光染紅了湖岸邊上的林樹，遠看，樹梢上好像披了一層金衣。

　　湖中的兩隻黑天鵝緊偎相依，真是恩愛，風景區工作人員說了一段黑天鵝的趣事。原本都是同進同出的黑天鵝，有一天其中一隻劈腿愛上別人，但管理處就只引進兩隻黑天鵝，哪來對象可以搞劈腿？原來劈腿的那隻黑天鵝誤以為天鵝腳踏船也是同路人，愛上了機器船，另一隻被拋棄的黑天鵝，每天癡癡地等著愛人回頭，奈何愛人就是愛機器船，後來管理處再引進一隻黑天鵝，才讓失戀的那隻又重獲愛情。

　　工作人員說，在風景區工作了一輩子，對於區內的一草一木都有感情了，更何況是對感情豐沛的黑天鵝。是的，水庫面積達27公頃的虎頭埤風景區，已經有160多年的歷史，是台南縣第一座水庫，擁有小日月潭的美稱。區內自然生態豐富，約17公尺深的水庫，多達30多魚種，蒼鷺、大冠鷲、綠繡眼、樹鵲、五色鳥等鳥類繁多，漫步其中，鳥鳴齊唱演出一場大自然的協奏曲。

　　從湖心觀看岸邊，可以全然幽靜且有距離的欣賞，與之置身風景區內的感受截然不同。騎著租來的電動車繞行區內，是另一番同遊的歡欣，林蔭大道、吊橋、半島上的咖啡小店，隨著行動便捷的電動車，慢行如一頁又一頁的風景，難怪在假日的傍晚，這裡如此歡樂。

十鼓文化村　發現節奏之美

鼓樂藝術加持　百年倉庫重現生命力

　　「安可、安可……」看完了十鼓文化村的鼓樂表演，現場所有的聽眾不約而同齊呼安可，還在回味在悠揚鼓聲的我，也跟著用力的拍起雙手，高分貝的請求再來一曲，餘音繚繞所帶來的震撼，讓人久久難以忘懷。在虎頭埤玩得意猶未盡，我回程順道前往位於仁德的十鼓文化村，享受一場鼓樂的饗宴。

　　在台灣很少見過像十鼓文化村這般精彩又專業的鼓樂表演，「十」代表兩支鼓棒交疊，象徵十方力量的匯集。創立於2000年的十鼓擊樂團，早就是國家扶植的藝文團隊，曾屢次受邀至國際展演，像是2000年的雪梨奧運聖火迎接、2002年的世足賽等，更曾在2004年以千人擊鼓打破金氏世界紀錄，創下台灣鼓樂藝術的奇蹟。

　　十鼓擊樂團在2005年於過去曾是仁德車路墘糖廠落腳，將閒置多年的空間，經精心規劃後，於2007年搖身一變，化身為占地約5公頃的全亞洲

第一座鼓樂主題國際藝術村，因為一群鼓樂的愛好者對理想的堅持，在仁德成立台灣少見的音樂主題藝術村，打造融入台灣特色鼓樂的文化園區，他用熱情讓擁有百年歷史的舊倉庫風華再現，豐富了南台灣的藝文環境。

園區設有鼓博館、擊鼓體驗教室、劇場、煙囪廣場、森林呼吸步道與十鼓祈福館等，每天固定有2場現場鼓樂演出，鼓聲震撼人心，鼓手認真的神情讓我感動莫名，在這兒你可以發現節奏之美，親自體驗擊鼓的樂趣，也可在現場觀看製鼓師傅精湛的手藝。

十鼓祈福館則擺有事業鼓、姻緣鼓、考運鼓、平安鼓、除病鼓、驅魔鼓、添財鼓、祈福鼓等等不同的鼓，讓遊客依個人的需要擊鼓祈福，我挑了平安鼓，想以輕快節奏為自己和家人一生平安祈福。最後我來到了鼓博館大開眼界，這兒蒐集了許多世界各國的鼓樂器，輔以簡單的說明，可是讓我這個門外漢見聞增廣不少。

善化啤酒文化園區
地址：台南縣善化鎮成功路2號
電話：06-5838511
網址：http://0658385II.travel-web.com.tw/

善化糖廠
地址：台南縣善化鎮溪美里310號
電話：06-5819731

山上天后宮
地址：台南縣山上鄉山上村121號
電話：06-5781077
網址：http://www.tan-ho.org.tw/

一品清冰枝店
地址：台南縣山上鄉南洲村60號
電話：06-5781235
開店時間：7：00～21：30

山上鄉農會
地址：台南縣山上鄉山上村238號
電話：06-5781811

原台南水道
說明：建議初次前往先前往山上鄉公所詢問
地址：台南縣山上鄉南洲村325號
電話：06-5781801

泰香餅鋪
地址：台南縣新化鎮中正路431號
電話：06-5906688

十鼓文化村
地址：台南縣仁德鄉文華路二段326號
電話：0930-810862

大坑休閒農場
地址：台南縣新化鎮大坑里82號
電話：06-5941555
網址：http://www.168big.com.tw

楊逵文學紀念館
地址：台南縣新化鎮中正路488號
電話：06-5908865
營業時間：周二至周日09:00-12:00，14:00-17:00
　　　　　每周一及國定假日休館

瓜瓜園
地址：台南縣新化鎮中正路127巷35號
電話：06-5902803
網址：http://www.kky.com.tw/index.htm

南瀛天文教育園區
地址：台南縣大內鄉曲溪村34-2號
電話：06-5761076
網址：www.taea.tnc.edu.tw
參觀資訊：每周一休館，團體可於7日前申請導覽

太上龍頭忠義廟（頭社公廨）
位置：台南縣大內鄉頭社村31號
電話：06-5761001

五號樹屋
位置：從新化鎮沿168縣道往大坑尾山區，沿路皆有
　　　指標指示
電話：0919-648907、0933-674082

虎頭埤風景區
地址：台南縣新化鎮中興路42巷36號
電話：06-5901325、5907305
開放時間：6：00～22：00（全年無休）
網址：http://htp.tainan.gov.tw/main.php

左鎮
（南化鄉、左鎮鄉）

化石・宗教・月世界

旅遊線

西拉雅風景區五大遊憩線之一的左鎮旅遊線，
範圍涵蓋南化鎮、左鎮鄉與大內鄉，
是一處得以修身養性的勝地，
結合地質、生態、宗教與人文歷史，
滿是自然與文化演繹的累積，
有如一座充滿奇蹟的珍貴寶庫，
俯拾皆是美麗篇章。

前進左鎮 探索文化寶庫

行家推薦 深度旅遊好去處

　　對左鎮旅遊線所屬的三大鄉鎮，其實沒太深刻的印象，也許是因這裡坐落在台南縣南境，屬較為偏遠的地帶，讓自詡為旅遊一族的我，鮮少踏及。在腦中快速搜尋對左鎮區的認知，卻只有化石和月世界存在我的記憶體裡，我大吃一驚，為能讓左鎮之旅更豐富，於是我著手搜尋左鎮旅遊線的諸多風情。

　　在網站搜尋引擎打上「左鎮旅遊線」，出現許多旅人推薦，包括草山月世界、二寮觀日、台南縣自然史教育館、菜寮化石陳列館、烏山獼猴保護區、頭社公廨，以及寶光聖堂與噶瑪噶居寺等，每一處都是珍稀的自然生態與人文景致。我看著文章中對各景點生動的文字敘述與照片記錄，左鎮的奇景，竟化身為一幕幕的動人影像，活靈活現的躍動了起來。

　　我想起造訪西拉雅風景區其他旅遊線時，曾遇到一位解說志工，在指著地圖做五大旅遊線的概略介紹後，望著左鎮區喃喃低語，「我私心裡，最愛左鎮」。哪還需要遲疑？在達人保證與旅人推薦下，我背起行囊、踏上旅程，在充滿生態、宗教、地質與人文等多重誘因下，展開左鎮的探索之旅。

自然史教育館 認識西拉雅故鄉
新港文書 平埔嫁裳 骨董鎮館

西拉雅族的人文史蹟，是一篇淵遠流長的史記，想做通盤的瞭解，可以到左鎮鄉的「台南縣自然史教育館」參觀，此處是台南縣自然史諮詢站，三層樓的建築，設置有關本地出土古文物的相關特展，與以「西拉雅族平埔生活史」為主題的展示區，民國86年正式開館，希冀能透過自然教育館的倡設，推展台南縣的自然科學教育。

此處是免費參觀的景點，在我一進入教育館後，工作人員穆翠玲就帶著我介紹館內特色。穆翠玲說，台南被稱之為「西拉雅的故鄉」，在漢人尚未移民拓墾前，台南是西拉雅平埔族人活動地區，這裡的主要聚落有新港社、目加溜灣社、蕭壠社與麻豆社四大杜，及大目降支社（新港社群）、大武壠社（大滿亞族）等，而這些主要聚落正好與台南的蔦松文化遺址，相當接近。

穆翠玲就這麼從南瀛平埔族群的分布、阿立祖信仰、蔦松文化出土文物等開始介紹，終於讓我對西拉雅族平埔生活史有概略性認知，教育館二樓一隅擺設有左鎮當地出土古生物化石、個人收藏展示品等，更特別的是，還有平埔族夜祭的紀錄影片可供觀賞，即便不在慶典時造訪台南，也能隨

新港文書是自然史教育館的鎮館之寶。

時一窺傳統祀典的秘密，穆翠玲甚至還拿出「新港文書」與「平埔族結婚禮服」等兩件鎮館之寶供我拍照，其中新港文書是以羅馬拼音的西拉雅語文簽訂的契約文件，而禮服則是平埔族女性，大喜時穿著的傳統服飾，讓人有百聞不如一見的驚奇。

宛如劉姥姥進大觀園般，我一到了教育館的三樓，在穆翠玲解說下，驚呼聲連連，我徘徊在平埔房舍前仔細端詳，發現仿平埔族建築的茅屋，全無用鐵釘等鑿孔銜接，反而是將竹子鑽洞，利用竹與竹的交錯建置主架構，再以稻草、稻殼與黃土等完成屋身，每一個小細節，都透露著平埔族先民就地取材、因地制宜的睿智。

離開教育館之前，我看見一旁的展示櫃裡，放著可愛的公仔娃娃，據說這是限量的平埔族公仔，以皇清職貢圖中的平埔族形象為藍本，再用手工彩繪而成，有男、女公仔擺飾與鑰匙圈，另外還有出土於道爺遺址、屬蔦松文化的人頭形陶偶名片座與手機吊飾等，是讓我忍不住掏錢買回家的文化創意精品。

手工彩繪的平埔族公仔十分可愛。

珍稀化石 盡在菜寮化石館
左鎮人頭骨 早坂中國犀 來館必看

　　與自然史教育館比鄰而的「菜寮化石館」，則是一處來左鎮必訪的館區，左鎮鄉有一條菜寮溪，因地層組成特殊，每逢豪雨沖刷後，河床上就會滿布大量的古生物化石。

　　我在自然史教育館裡，已經先見過了不少左鎮出土的化石標本，聽說左鎮有許多人的家裡，還都放置著以前在河床上撿來的化石，「珍貴的化石，隨手就能撿到？」我對左鎮這樣的特有文化很感興趣，於是轉戰至菜寮化石館，麻煩工作人員郭秋妙幫我詳加解說。

　　郭秋妙說，左鎮這一帶原是泥沙地質，容易沉積動植物遺跡或遺體，而因造山運動的原因，讓沉在海底數百萬年的台灣隆起，左鎮因地質脆弱，加上曲流多，所以一旦受雨水沖刷後，古生物化石就會散布在左鎮的菜寮溪邊。

　　過去從日治時代開始，日本教授早坂一郎博士，就首次在菜寮溪發現化石，當時有不少居民，也會沿著溪谷撿化石，其中有一位1930年代出生的陳春木先生，在小時候就喜好前去撿化石，也因此帶動其他人進行化石的採集，現今化石館裡保存的化石，多數皆為陳春木所捐贈，雖然他已過世，但化石館為紀念他的無私，設置專區紀念這位永遠的「台灣

化石爺爺」。

　化石館裡的展示物，包含了海生與陸生生物種屬，像是象、犀牛、鹿、水牛、野豬、老鼠、猴子、鯊魚、魚等，種類繁多，相當具有研究海陸生物演化與古地理環境變遷的價值，我硬是要郭秋妙選出最重要的化石代表，雖然她口裡嚷著「全都很重要」，但拗不過我一再詢問，她秀出「左鎮人化石」與「犀牛化石」要我仔細觀看。

　郭秋妙說，60年代發現的2大代表，一是找到人類的頭骨化石，包括7塊骨殘片與兩顆大臼齒，經鑑定後發現年代為2萬至3萬年，可能是在更新世晚期跟隨動物腳步，遷徙到菜寮溪附近的「左鎮人」；另一個現為複製品的犀牛化石，真品置於台灣博物館，這是一隻台灣目前所發現最完整的犀牛化石，出土時約有一具完整犀骨架的40％，年代約距今90至45萬年前，命名為「早坂中國犀」，而這也是台灣唯一一個有命名的化石，相當難能可貴。

人氣特產　破布子讓美味加分
山藥開胃健脾　愛文芒果香四溢

　　告別了菜寮化石館，我一出路口，就看到位在台20線大馬路上「左鎮驛站」標示，這是左鎮鄉農會設置的農產展售中心，我發現位在台南縣東南方的左鎮鄉境內，多為特殊的白堊地形，加上境內地勢落差大，可用的耕地其實很有限，我好奇著左鎮鄉到底能出產什麼農特產？

　　原來聰明的左鎮人，早有變通之道，轉為發展精緻農業，以少量多樣的方式，造就了左鎮農產品的與眾不同。農會展售人員跟我說，左鎮盛產頂級愛文芒果、破布子、山藥、芭樂、竹筍與甘蔗等，種類很多元，而其中破布子、山藥與芒果等，因產量較多，因此被製成各式特產，讓人隨時都能享用當地特有農產品。

　　破布子是左鎮最具代表性的農特產，無法生食的破布子，醃漬後成為最佳的佐料極品，經農會以古法加工後推出破布子丸、破布子漬與破布子調味包等，用來蒸魚、炒菜或燉肉等，都能讓美食添加開胃、健脾的功效；營養價值高的山藥，也是左鎮主要特產之一，研發而成的山藥粉、山藥糕、山藥拉麵等系列產品，更是健康食品的最佳代表；果實小、甜度高的左鎮芒果，香氣特別馥郁，不論是烤芒果干或芒果布丁都是人氣商品。

在地食材烹出創意田園料理
蜻蜓孵育池 休閒保育兩相宜

　　到左鎮不嘗嘗當地特產，實在說不過去！畢竟左鎮聞名的白堊土土壤，能種植出口感極佳的破布子、山藥、芋頭與筍子等特產，若再加上大廚的巧手烹調，相信能更發揮食材的風味。造訪過左鎮驛站的農會展售中心後，發現各地代表著地方田園料理的田媽媽，就坐落在驛站旁，2008年重新整建過後的左鎮田媽媽，打出家鄉料理創意風味餐，讓人忍不住食指大動。

　　迫不及待的點了破布子養生雞湯、牧草砂鍋魚頭與八寶香芋等招牌佳餚，品嘗著這些全採自地方盛產的農作物，搭配巧思所烹煮而成的美饌，食材的鮮味與獨具創意的料理手法，滿足了我這張挑剔的嘴。

　　用完餐沿著驛站後方的花棚架下前去，可看到一塊塊大理石板上，刻劃著關於史前生物和化石的說明，以及一座模擬左鎮化石出土區景致的特區，且此處還設有「蜻蜓孵育池」，用來介紹、保育蜻蜓的生態，是餐後散步的好去處。

加入牧草烹煮的砂鍋魚頭，口感清爽不油膩。

噶瑪噶居寺 文化瑰寶隱身山林

漢藏建築雕刻　俯拾皆藝術

　　離開左鎮驛站，我驅車前往車程約10分鐘可達的「噶瑪噶居寺」，準備造訪全台最大的密宗道場。矗立在寧靜山區裡的噶居寺，彌漫著一股神秘的氛圍，從停車場走到山門前，我隨即被眼前大器雍容的山門所震懾，也許是因山門頂端的金色法輪雙鹿，也許是因山門內隱約現身的雪白塔院與赭紅建築，更也許是因對藏傳佛教的陌生，山門後的一切，仿若一個深不可測的世界。

噶瑪噶居寺俯拾皆是雕刻藝術，令人驚豔。

　　然而，在我踏進山門後，映入眼簾的，竟是絕美的山林風光，緩步徐行，夾道綠草如茵、古桂成林，偶爾還有松鼠蹦跳、雀鳥吱喳的聲響點綴，我在進門前紛飛擾攘的奇想，頓時沉靜。

　　在我還忙著讚嘆的同時，噶居寺工作人員幫我請來了「慧陀師」，一位噶居寺裡的出家眾，她帶著一抹脫俗的微笑，不疾不徐的向我介紹著噶居寺。慧陀師說，噶居寺在民國75年11月開山，創辦人法名為「多傑洛本噶瑪天津吉美旺秋仁波切」。

　　「開山不易、佛法難起」，慧陀師一邊轉述導師說過的話，一邊跟我述

說著2千年前當印度教傳到中國的歷程與演變，接著，慧陀師帶我來到「法王殿」。據說這裡就是一般民眾能參觀的地方，12人以上就能申請導覽，我一站在大殿前方，就能深刻體驗為什麼會以此為主要開放處。

融合漢藏建築藝術之美的法王殿前頭，有著四足鼎立的大銅器，慧陀師說這是循西周作冊大方鼎鑄造的「和平寶鼎」，沿著殿旁以青斗石雕成的鰲魚欄杆進入大殿，就見到主祀16公尺高、台灣最大的室內佛像「金銅釋迦牟尼佛說法像」，銅鑄、箔金的製程，可以顯見當時工程的難度，法像配上殿內「七佛白玉石雕」與「藻井九大壇城」，也因而被並列噶居寺的藝術三絕。

慧陀師除引領我進入法王殿外，還一一詳述傳統藏式佛塔「神聖舍利塔」，與供奉財寶天王與神象的「財神窟」等，每一處都能讓人驚奇不已。我在這裡見識到佛法與藝術融合的智慧，不丹國寶級藝師的陶塑、西藏老畫師的絕藝與台灣木雕師的巧手等，此處根本就是世紀文化瑰寶的表徵。

噶瑪噶居寺堪稱文化寶庫，寺內雕刻、陶塑讓人目不暇給。

微風山谷單車道　陶磚拼貼美麗
白堊鯛魚和平統一湯　芋薯風味一口滿足

洪翔鵬能隨意將人名題詩入畫，令人稱奇。

　　帶著佛菩薩的祝福，我道別噶居寺，今晚我決定先捨棄同在左鎮的月世界等地，選擇前往位在南化鄉的微風山谷藝術村，一是因距離近、二是為了想延續噶居寺在我心裡激盪出的藝術火花。南化鄉位在菜寮溪上游，從左鎮一進入南化就抵達轄境內的北平村，這裡有一名為「微風山谷」的自行車道，由南化鄉民宿業者所開發，我在入住民宿前，選擇先到車道中站的藝術村一遊。

　　沿著台20乙線芒果樹綠色隧道往前行，不到5分鐘就見到南天宮牌樓，照著地圖所繪，途經中坑社區直抵北平社區，路旁一塊貼有磚陶、蚵殼等綺麗的石頭，秀出「微風山谷藝術村」字樣，順著轉進藝術村中的主建築時，一群活潑可愛的小女孩，不怕生的對我打了招呼，小女孩們的爺爺聞聲走出屋外，一介紹後才發現，原來我誤打誤撞的來到北平社區發展協會理事長呂共法的家。

　　呂共法是帶領村民進行社區營造的主要推手，從都市回到故鄉的他，盼能透過社區美化讓年輕人接手土地，用當地產業特色與文化藝術的結合，創造社區新風貌。他帶著我騎著自行車沿途欣賞用陶土、藝術拼貼、

朽木等裝點而成的街道藝術,也帶我來到由他提供土地,讓駐村藝術家洪翔鵬搭建的木造藝術屋。

　　洪翔鵬不僅協助社區村民創造陶藝作品綴點空間,也教授前來藝術村的遊客陶藝DIY等活動,最特別的是,他還擁有將對方姓名題詩作畫的功力,稱得上是一位讓人驚喜連連的藝術奇人。在我一連串的驚嘆聲中,呂共法笑著問我要不要一起去湖邊捉魚?喜嘗鮮的我,跟著他到在白堊土中挖出的湖泊旁,撒完飼料吸引魚群,順手隨意一撈就是3斤重的「白堊鯛」,而這白堊鯛就是供他的夫人王杏珍,用來料理的食材。

　　王杏珍是農會家政班班長,正帶著班員一同研發當地風味餐,今晚的桌上佳餚,就有著以醃鳳梨製成的白堊鯛魚片,與用白堊鯛加上芋頭、地瓜的「和平統一湯」等,養殖的白堊鯛嘗來居然全無腥味,肉質細緻鮮美;餐後甜點則是以當地芒果所製成的芒果冰淇淋,無人工添加物的口感,相當順口清甜。

呂共法現釣的白堊鯛重達三斤,肉質鮮美。

鐵馬出征 三級路線難易任選
桃林美景不願獨享 開設民宿與客同樂

今晚共進晚餐的桌上賓，還有我預計入住的「桃花心木林」民宿老闆陳滄敏夫婦，陳滄敏與呂共法一樣，都是在外地打拚後才回故鄉的愛鄉人。在餐桌上聽著他們談論未來的規劃，生動到我情不自禁跟著在心底勾勒起藍圖，或許日後我再造訪南化，這裡就是一處能讓人深入體驗，融合藝術、生態與人文的美麗殿堂。

餐後隨著陳滄敏回民宿聊天，才知道他早在28歲就外出工作，是一名極為成功的台商，原本這棟房子計劃用來休憩養老，但來往的朋友欣羨建築後方，由陳滄敏父親在50年前所栽種的一整片桃花心木林美景，建議他們不妨建置民宿與大家分享。

申請為民宿後，陳滄敏想讓房客深入體驗南化的好山好水，於是規劃3條難易度不同的自行車路線，包括由民宿、山尾寮、小崙尾至彩鳳橋回程的7.3公里輕量級；民宿、小崙尾、尖山、北平藝術村至南化國小回程的12.5公里中量級；以及民宿、南化市區、青埔寮、番仔厝、新南糖廠、北平藝術村至小崙尾回程的17.7公里重量級路線。

陳倉敏開設民宿就是希望和遊客分享桃花心木林的美景。

龍眼花茶 清香保健
愛文芒果乾 甜而不膩富嚼勁

　　隔天一早，享用由民宿女主人親製的餐點，還請來「阿蓉越南咖啡」的阿蓉，烹調香醇咖啡當早餐，餐後我還繞回桃花心木林來場森呼吸巡禮，想起跟南化鄉鄉長還有約，只好依依不捨的道別。

　　一到鄉公所，鄉長秘書就端來一杯「龍眼花茶」供我品嘗。吃過龍眼乾、喝過龍眼蜜茶，但這是我首次喝到龍眼花茶，啜飲一小口，淡淡的花香與蜜香，在嘴裡綻放，鄉長陳金沛跟我說，南化是台灣龍眼主要產地之一，所以公所除將南化的龍眼，以遵古上選、慢火燻製的方式，加工製成龍眼乾，也請來台大食品科技研究所教授孫璐西，協助投入龍眼花的開發研究。歷經多年研究後發現，龍眼花內含原花青素與兒茶素，具抗氧化、穩定血糖等功用，飲用時可直接用水沖泡，或加入些許蜂蜜增添甜潤。

　　由公所監製的龍眼乾與龍眼花茶，都有著上等好滋味，陳金沛再端出「芒果乾」，他說這是南化將用來外銷日本的愛文芒果，以人工蒸氣烘焙法製成，烘烤時需費工的將芒果「翻身」4至5次，才能讓甜味均勻，且一顆大芒果只能做成兩片芒果乾，馥郁的香氣盈滿唇喉，甜而不膩又極富嚼勁的口感，堪稱極品，我高呼「這才叫芒果乾！」

椰子雞涮羊肉　饕家聞香下馬
清甜無腥羶　生吃品鮮味

　　享用完特產，陳金沛説要帶我去認識南化鄉，瞭解一座城市最好的方式，就是先從美食開始，首站到達鄰近的「椰子林土雞城」，其實我昨天沿著微風山谷自行車道，曾路過位在中坑村的椰子林，當時還不知原來在樹影婆娑的椰林中，椰子林餐廳是當地著名美食，涮羊肉、椰子雞等都是招牌。

　　以椰子水一同煮製的椰子雞，味道清甜；將自己飼養的高品質羊種，製成涮羊肉鍋，加入薑絲、豆瓣醬與醬油膏等醬料佐味，吃起來不僅毫無腥羶之味，還帶有一股清香，聽説有不少饕客還會直接食用生羊肉片，品嘗原味的鮮美，也證明這兒的羊肉是真的有夠「青」。

鮮甜無騷味的羊肉，有不少饕客直接生吃。

99

寶光聖堂 雕梁畫棟
源之旅公園 紀念滄桑抗日史

吃飽喝足後，我們驅車前往南化知名景點，包括「玉山寶光聖堂」、「源之旅休閒公園」與「南化水庫」等地。創建於民國64年的寶光聖堂，是南台灣一貫道規模最莊嚴宏偉的道場，依山傍水的30公頃聖堂內，有著景德公園、伏羲聖皇、觀景塔等可供遊歷之處，陳金沛帶我沿著夾道老樹進入聖堂正殿，還請來聖堂服務人員幫我解說。

聖光寶堂隨處可見佛教藝術。

「這裡曾在民國86年獲選為南瀛八景十勝之一」，服務人員說，位在南橫玉山起點的寶光聖堂氣勢非凡，地形宛若橫置在地面的七弦琴，是地理風水學中，福地靈穴的表徵。聖堂藻井中心以圓融為點，表示回歸無極，兩旁由136尊護法天神，分做三層精心雕製而成。

整座寶光聖堂就像是一座中國北方式建築藝術的代表佳作，雕梁畫棟、匠心獨運，處處都有著蘊含天機的禪意，我連想起在左鎮造訪的噶瑪噶居

寺，雖與寶光聖堂分屬不同的宗教，但同樣擁
有靈山秀水的淨土，也同樣擁有讓人感動的
佛教藝術。

　　接著陳金沛帶我來到源之旅休閒公園，位
在南化水庫大壩下方的公園，曾是噍吧哖古
戰場，袤廣的園區中分設有軍史公園、環保
公園、親水公園、蜂情館與登山步道，我悠遊於這座主題公園中，
看見陸軍M42戰車、空軍運輸機等報廢武器的擺設，聽著曾發生在
此的抗日事件滄桑史，再想起南化如今擁有的豐衣足食，不由得
讓人心生滿足。

軍史公園擺放
國軍報廢的軍
機供人欣賞。

　　接下來要前往的南化水庫，也讓我期待不已。民國83年竣工的南
化水庫，是供台南、高雄地區民生用水的水源保護區，不開放觀光休
憩之用，我們只能抵達大壩觀景區，由上而下俯瞰水庫主體，我靜靜凝望
在蔚藍天空下的水庫景致，湖光山色的湛藍水域不起一絲漣漪，就像我靜
默在此的心情，著實的恬靜。

南化生態園區 賞花聞鳥吟
休憩嘗美食 寓教於樂四季宜遊

　　「要不要去看南化製作芒果乾的地方？」陳金沛在我沉醉美景的當頭這麼問我，説到極品芒果乾，我當然興致勃勃，於是我們就朝著「南化農場生態園區」的方向而去。陳金沛説，園區的面積約有12公頃，原本屬於國有財產局，後來歸給土地銀行管理，近幾年才被南化鄉公所申請撥用，規劃成立生態園區。

　　園區裡有一處龍眼乾、芒果乾的烘焙區，可惜造訪時剛好已過產期，無緣親睹烘焙製程，不過其他像是生態池、花卉廊道等都已建置完畢，陳金沛説，園區的主要目的就是要結合農業與生態，整合成寓教於樂的休憩地，除將有解説員進駐外，也陸續籌建桃花心木林步道、環園步道、小木屋住宿區，以及農特產品產銷中心等設施。

　　屆時4到5月來喝龍眼花茶、6到7月就品嘗芒果乾、7到8月換吃龍眼乾，陳金沛望著遠方一草一木説，也可以依不同時令來園區觀賞野薑花、金針花或野百合；甚至就來聽聽黃鶯、五色鳥與朱鸝等群鳥吟唱一曲，體會難以言喻的鄉林野趣。

獼猴保護區 拜訪美猴王
第一線棲地 生態教學兼觀光

　　一用完餐，我們立即轉往山頂上聞名的「烏山獼猴保護區」，準備尋找穿梭在山林間的美猴王，現為免費開放參觀的保護區，原為一座半國有、半私人的場域，早在民國78年由現被人稱為「獼猴爺爺」的林鈵修，自路邊帶回獼猴放養之後，沒多久就出現獼猴成群的特殊景致。

　　此地因擁有長林豐草，以及豐碩的農產果實等資源，據統計最高紀錄曾出現200至300隻獼猴，為了要讓農作物的發展與保育野生動物間取得平衡，於是縣政府將此處劃歸為烏山獼猴保護區，並仍由獼猴爺爺採定點、定時的餵食方式照顧獼猴，互不侵犯的共存與互動模式，不僅能讓台灣獼猴樂於長居，也能開放教學、參觀。

　　狀似《西遊記》花果山的烏山獼猴保護區，成為台灣獼猴的主要棲息地，不斷湧入的遊客，會以水果或花生餵食，不過由人類餵食的台灣獼猴，仍帶有野性，為防危及農作物與參觀遊客，目前政府會隨時控制獼猴數量，以維持約40至50隻獼猴數量最為恰當，能兼顧農業、保育和觀光。

獼猴爺爺林鈵修。

103

山頭庭園咖啡 美景美食雙收
麻油跑山雞火鍋 肉結實湯甘甜

　　離開園區不到10分鐘，陳金沛帶我來到烏山山頭，觀賞南化鄉最豐富的生態精華區，據調查這裡擁有白鼻心、赤腹松鼠、樹蛙與蝴蝶等，是親子共遊的最佳大自然教室，另外，此處也設有許多登山步道，讓登山客可以沿著綿延的烏山山脈尋幽攬勝。

　　不過，我來這裡的目的並非為攀爬步道，而是為了一嘗因應登山客與遊客而生的咖啡廳。位於東和村與南化村一帶，海拔約500公尺的烏山咖啡園區，一連開設烏山咖啡、香榭彎、綠野仙蹤、東山咖啡、紅屋頂等咖啡廳，提供咖啡、簡餐等餐飲服務，我們選擇了香榭彎落腳，準備享用餐點。

　　順著山坡地興建的香榭彎，充滿歐式庭園咖啡廳的氛圍，我聽從店主人推薦，點選人氣料理「麻油跑山雞火鍋」，一上桌就聞到麻油的濃郁香氣，我喝了一口加有紅棗、當歸、枸杞等中藥材配上鮮雞燉煮的湯頭，甘甜不油膩，果然是名不虛傳的招牌鍋品；餐後一邊淺嘗特調的咖啡，一邊由上而下欣賞嘉南平原的全景，堪稱一大享受。

草山308高地原始店　夕陽相伴
招牌土雞料理　外酥內Q一吃就上癮

　　與獼猴道再見後，我離開了南化鄉，沿台3線往南行，到「草山月世界的308高地」去賞夕陽。月世界地形是台灣極為神奇的景觀，分布在台南縣南化、左鎮、龍崎，高雄縣燕巢、田寮等地，其中以左鎮草山月世界最為壯闊，因未過度開發，得以保留最原始的自然風貌。

　　草山月世界的地質行程，留待明天再慢慢遊歷，今晚我先直奔草山的308高地，感受賞落日、嗑土雞的在地風情。高地位在台南縣左鎮鄉草山村與高雄縣內門鄉交界，制高點正為海拔308公尺，我順著路彎進一家已開店12

鹽焗雞外皮酥脆，肉質香。

年，名為「草山308高地原始店」的休閒農場，準備大啖美食。

接待我的是店老闆洪連和，他是在308高地開餐廳的創始人，洪連和說此處視野良好，早晨能觀日出與雲海、日落能賞夕陽、夜晚還可以將台南、岡山的夜景盡收眼底。這裡也擅長烹調各式土雞、山產等料理，尤其是桶仔雞、豆乳雞與鹽焗雞等，我點了一道將土雞肉抹鹽乾燒的鹽焗雞，金黃色的外皮嘗來相當酥脆，Q嫩的肉質，讓人一吃就上癮。

草山月世界 惡地鷹盤旋
光影層疊 美景瞬息萬變

　　美好的事物總是稍縱即逝，欣賞完雲海，我竟欣喜得睡不著，回房整裝後，我決定趁早出發，探索一直在308遠眺的神秘「草山月世界」。在地理學上被稱之為「惡地」的月世界，是雨水和河水長年侵蝕這處質地軟弱且帶有鹽質的泥岩區後，形成的崎嶇地形，因泥岩顆粒小、透水性大，遇大雨會順坡滑動，植物難以攀附生存。

　　草山月世界的泥岩惡地緊連成一片，加上草山溪、岡林溪等切割過原本就已鬆軟的地質，形成稜角分明的荒蕪山脊，我從308高地欲往草山月世界較知名的觀賞點，先在「大峽谷」近距離觸摸惡地，泥岩相混的地質表面略顯粗糙，本想拍出陽光照射在青灰色山坡間的佳作，可惜等了1個多小時，太陽公公不賞臉。

　　等待的過程，老鷹在天空不斷盤旋，翱翔在光禿禿山脊的鷹群，增添了月世界詭譎之美，接著我繞往「玉女峰」與「彩竹林」，再由「小玉山」轉往「滾水窩」與「飛燕關」，接續南171縣道，經「巨鱷觀景點」、「要月橋」抵達岡山村，總是在看似荒涼無路的盡頭，又出現一個彎角得以續往下行。

觀景民宿 坐擁雲海日出之美

養生骨碎補雞湯 色香味俱全

　　觀賞完絢麗的夕陽，我入住308高地僅有的民宿「大峽谷優美山莊」，開業8年多的山莊提供餐飲與民宿。店主人童榮順夫妻熱情的招待著我，烹調一整桌佳餚，桌上有著用當歸等加料的「桶仔雞」、一鍋採自高山骨碎補熬煮的「養生骨碎補雞湯」、雨後才現身的蕨類木茸「野生草朵」等，色、香、味俱全，讓人忍不住食指大動。

　　我看到店裡擺設數本有雲海、日出等圖的照片書冊，童榮順說，這裡是攝影學會的最愛，不論是去二寮觀日，或拍308高地的日出、夕陽與雲海等，此處都是最佳的落腳處。聽童榮順說，一般人會在清明節前後來拍采竹、10月拍雲海，若要拍日出，就得在冬季拍，出現機率才會大，原本想清晨飆到二寮觀日的我，盤算著我應該看不到日出，所以我決定留在山莊賞雲海。

加料的當歸桶仔雞別具風味。

　　清晨4點多，我坐在山莊廣場等待著，近半個小時後，黝黑的天際晨曦微露，突然間雲霧彌漫著整片天空，灰白交錯、層層繚繞，綿延成雲海，煞是壯闊，不到10分鐘，猛地，一道日光劃破天際，太陽出來了。

二寮觀日亭　遠眺曠世奇景

竹影婆娑　宛如潑墨山水

　　彷彿有種魔力，誘使我沿著蜿蜒山路不斷迴繞，兩旁的采竹婆娑影影，隨著太陽的高低，顯露出多層次的萬種風情，抬起頭來望向遠方，矗立在山岩嶙峋中的采竹與白堊山峰交織的大自然奇景，似是一幅精采的潑墨畫，美得不可思議。

　　我的思緒有點停頓，沒料到原來台灣真有這般仙境，出了岡林轉往南162線道，我要前往「二寮觀日亭」，雖然要觀日非得在凌晨3、4點來卡位，而且還不代表每次都能有「日」可賞，但來不及觀日，總可以至觀日亭朝聖一番，路經岡林派出所，沒多久抵達海拔約180公尺的觀日亭，由石階步道拾級而上，就是一片寬廣的月世界奇景。

　　我想起民宿主人曾說，二寮的晨曦，陽光是由峭壁山巒後方，以萬丈光芒瞬間四射，我盯著手上這本被譽為草山月世界達人的攝影家張武俊所出版的作品集，對照著圖片與眼前美景，即便現在並非清晨時分，但同樣能見到升在天際的太陽，光線照射在山丘上的光影變化，於是，我深信照片裡所傳遞出的寫意，因為這股陽光穿透山谷與雲霧的磅礡氣勢，光是站在這裡，我就已經感動不已。

大鼓山鹹飯 道地平埔佳餚
魷魚 蝦仁 雞肉 多層次口感交織美味

　　如詩如畫的人間仙境，是上天賜予的珍貴瑰寶，拿起相機隨意取景，每一張都能是撼動人心的景致，我在心裡暗自許願，下一次，我定會排除萬難，在此待上一段日子，等待值得等待的奇景。

　　時過中午，沉醉美景的我，才發現從凌晨至今，我忙著追逐勝景，滴水未進，於是我轉往二寮村中，舊稱「大鼓山鹹飯」的「藝樹庭院」，享用在地美食。大鼓山聚落屬平埔村落，過往在農忙、喜事與迎神等節日中，每戶人家都會烹煮鹹飯。15年前，村落內公認烹調鹹飯第一把交椅的買秋鑾，開設小吃店，傳遞鹹飯的美味。

　　買秋鑾說，鹹飯製法較費工，需先將魷魚、蝦仁、雞肉、三層肉等豐富配料調味炒熟，再以傳統燒製木材的烹調法，用大鐵鍋裝盛配料與在來米，經大火翻炒、小火燜煮後，才能製成。我裝了一大匙送入口，沒想像中油膩，我不曉得「道地」與否？畢竟這是我首次品嘗平埔族鹹飯，我只知道嘴裡那股多層次的香韻，深得我心，我毫無停歇大口狂吃，嘴裡始終掛著微笑，畢竟，能夠賞奇景、嘗美食的完美旅程，夫復何求。

旅遊資訊

台南縣自然史教育館
地址：臺南縣左鎮鄉榮和村61之11號
電話：06-5732385
網址：http://163.26.85.1/˜naturalmuseum/
參觀資訊：每周一全天、周二上午休館

台南縣菜寮化石館
地址：左鎮鄉榮和村61-1號
電話：06-5731174
網址：http://163.26.85.1/˜fossilmuseum/
參觀資訊：每周一全天、周二上午休館

草山308高地原始店
地址：台南縣左鎮鄉草山村113號
電話：06-5730097

微風山谷藝術村（北平社區發展協會）
地址：台南縣南化鄉北平村88號
電話：06-5774168
參觀資訊：導覽、訂餐可洽理事長呂共法；駐村藝術
　　　　　家洪翔鵬0929-465253

噶瑪噶居寺
地址：台南縣左鎮鄉左鎮村91之2號
電話：06-5732103
網址：http://www.lopon.org.tw/
參觀資訊：每日開放時間8:30～16:30，12人以上可於
　　　　　7日前預約導覽，導覽時段9:30～11:00、
　　　　　14:00～15:30

椰子林土雞城
地址：台南縣南化鄉中坑村74-4號
電話：06-5773145

寶光聖堂
地址：台南縣南化鄉玉山村17-1號
電話：06-5772229
網址：http://www.holyglorytemple.org.tw/

香榭灣咖啡屋
地址：台南縣南化鄉南化村297號
電話：06-5775123
開放時間：每周一公休

大峽谷優美山莊
地址：台南縣左鎮鄉草山村112-2號
電話：06-5730264

大鼓山鹹飯／藝樹庭院
地址：台南縣左鎮鄉二寮村64號
電話：06-5730069

桃花心木林民宿
地址：台南縣南化鄉南化村32號
電話：06-5775098
網址：http://www.nanhua32.com.tw

曾文（玉井鄉、楠西鄉＆大埔鄉）旅遊線

水庫・山道・果香

曾文旅遊線

為了芒果，啟程旅行。

來到了玉井這個芒果之鄉，

才知道這塊大地不知過了多少晨昏，一直被曾文水庫的湖水孕養著。

高山、大樹、鳥蟲、居民，全被包裹在柔軟了時間與空間的幽幽深水之中。

站立在虎頭山頂上看著與水庫伴流的曾文溪，

決定要依著溪水去探看盡頭處，那張母親的臉。

隨遊曾文　湖水沁心
台灣最大人工湖　山清水秀風景勝

山水
伴行

　　曾文水庫上臨嘉義縣大埔鄉，下靠台南縣楠西鄉，它很自豪的說，是台
灣最大的水庫、最大的人工湖，還有一點，它也是南台灣最大的水庫風景
區。狹長形的廣闊湖水，將旅程統統包攏起來，隨著山間的空氣、湖邊的
水氣、鄉鎮中的食物，無法抗拒也無從察覺地一點一滴流入五感之中，驀
然抬頭之際，才發現，原來它一直在身邊。

　　風動水流、山映水波。水的容貌原來多變。曾文水庫大壩上，它氣勢磅
礡；往後退些，登上觀景台，它清麗可人；沿著台3線，忽隱忽現樹林
間，它原來也羞赧；站上大埔鄉的山上，一潭深水如大地之母，左擁右抱
著鄉民聚落與遠天高山。

　　走吧，循著曾文溪直抵曾文湖畔，沿途經過它孕育的芒果之鄉、登上梅
嶺眺望，在最後的盡頭，親手去撫摸這湖水的溫暖。

訪玉井啖芒果　發現酸甜滋味
批發市場撿便宜　質佳新鮮看得見

　　芒果季末才確定：到玉井看芒果吧。所以拚命拉住季節、追趕時間，希望來得及看一看今年已近尾聲的芒果季；所以5點起床從台北趕高鐵，一路殺到玉井的青果市場。

　　青果市場果真是玉井最大的水果批發市場，好比軍兵隊伍排列得整整齊齊地排排竹籃中，是滿芒果，佔據了市場水果種類的2/3。滿地一攤攤的黃澄澄芒果，穿插著鳳梨、龍眼、蜜橙，全都是大把整籃的賣，若是您想吃到新鮮香甜、產地直銷的芒果，最好趕在8月前來。

　　我有股衝動想要跟著觀光團的阿嬤們一樣，一人抱著一竹籃的芒果開心離開，因為這裡低於市場的批發價格遠低於一般市場，讓懂行情的老人家們都覺得賺到了，但是這旅程才開始，總不能扛著10多顆的芒果一起旅行吧。

　　我忍痛放棄新鮮芒果，另選擇芒果乾代替，但放眼看去，賣芒果乾的攤位也還真不少，大部分是工廠包裝，一包包擺在桌上供人挑選，有一攤則乾脆拿置物用的塑膠箱來裝，客人買多少就從箱中抓出來秤重，憑著經驗

法則，就選這攤吧。

　　跟攤位的阿嬤問了價錢，我正猶豫著該不該下手，阿嬤果真是做生意的高手，緊跟著說，這些全是用愛文芒果做的，10斤的果肉才只能烘出一斤的芒果乾，而且都是手工削皮、切肉，加的是台糖的2號砂糖，再拿去電烘，一口氣說完之後，阿嬤瞥一眼鄰攤包裝好的芒果乾，又對著我說，她攤子上賣的這些，可都是自家人全手工製作的，衛生與口感皆有保證，至於工廠做的品質如何可就不知道了。

　　阿嬤說得精采，打動人心，最後拎了兩袋芒果乾離開，但是沒有吃到汁多肉甜的芒果，總是還有那麼一點遺憾，怎可「入寶山而空手回」，去吃芒果大餐吧。

芒果資訊館充電　洞悉產業文化
專人圖文解說　揭開芒果之鄉面紗

　　只知道到玉井一定要吃芒果，畢竟這裡可是全台灣栽培芒果面積最多的鄉鎮，不過對於玉井為什麼盛產芒果、芒果到底有多少種類等細節，我卻從來不曾瞭解過，一知道原來玉井有個芒果產業文化資訊館，說什麼也不能錯過。

　　位在玉井鄉農會樓上的資訊館，團體事先申請就可以有專人導覽，資訊館裡從芒果的生產概況、歷史與生態等，全以圖文並茂的方式，分列在不同的館區，館內還陳設有數十種世界各國芒果品種模型，走一圈就能一窺芒果產業史。「怎麼挑芒果才會好吃？」我不免俗的關心著最膚淺卻又切身的問題，答案很受用，但想知道的人，還是請親臨現場、自行提問，才能記得牢。

芒果資訊館內，從芒果的歷史到生態皆有介紹。

117

景點

登虎頭山望遠　緬懷抗日烈士
走入歷史憶先民　遙想噍吧哖事件

　　奔上虎頭山，是為了山頭上景觀餐廳的芒果大餐，但沿路緩坡上行的速度，襯上兩旁的果園農地，不知不覺拉緩了心頭的急促。山頭高度僅海拔239公尺，只屬山丘的高度，卻也稱職地稍稍抵擋了平地不斷呼出颱風前的悶熱。行至山頂處停車，一邊是拾階而上的觀景台，另一邊是綠草平地，廣場上相迎對看的是聳立約兩層樓高的紀念碑，大大的碑文寫著：抗日烈士余清芳紀念碑。

　　碑文寫下的歷史故事，是由余清芳領頭的抗日事件，激烈戰役的結果是日軍逮捕了3,000居民，全部遭受處死，這場慘烈的戰役就是轟動台灣的「噍吧哖」事件。立碑的歷史意義消失在遊客的照相機下，到此一遊的紀念照，要比隨風飄逝的歷史時空來得實際，日後翻起照片也許才會想問：碑文上的余清芳是誰？

　　轉身繞到憑欄處，山腳下曾文溪切隔了玉井鄉跟楠西鄉，龜丹溪循著一旁蜿蜒而行，視線放更遠一點，是中央山脈延伸的支脈，翻過這座山頭就是高雄縣的大甲。今天的天氣雖晴卻罩上一層薄紗，但也總算讓人眺望了山頭全景。

芒果藍帶豬排　肉香嫩味清爽
環保景觀綠建築　樹傘遮蔭消暑氣

　　山頭風景的美不在一時半刻，而是隨季節、應晨昏的晴日夕陽、飄雨煙霧變化中，畫出真正的容顏。7、8年前上到虎頭山，是一場雲霧飄搖的冬日蕭瑟孤單之美，一旁咖啡店呼出的咖啡熱氣，暖人心窩。今日再來，雲開霧散，天清爽朗，小咖啡店還在，開放的空間依舊只見老闆一人，一切都沒變，唯一的差別是，觀光人潮帶來了3、4家景觀餐廳和咖啡店，假日遊客高朋滿座，美食、美景加上舒適的空間，當然如磁鐵吸住了遊人的心。

　　「綠色空間」景觀餐廳的位置好，倚著欄杆的一長排露天陽傘座椅區，正是賞景最棒的地點，再加上這裡有名的芒果餐飲，就連日本雜誌都特地來做報導。中午遊人一波又一波襲來，老闆黃小姐忙得不可開交。她本身就是玉井人，山上這塊土地早在18年前就買下，眼光精準又獨到，7、8年前準備整地建餐廳，第一個工作不是開發土地，而是大量種樹。

　　短短不到10年之間綠樹已成蔭，露天陽傘區自然長成遮蔭的美麗樹傘、盤根建築之上的南美假櫻桃，還有周圍會開花的鄧柏、屬藤類的珠簾，這些都是黃小姐蓋餐廳之前特別選種的。

　　南美假櫻桃的樹形真是好看，不僅成長速度快還有降溫效果，等到6、

7月結滿火紅果實，不管是拎掛在樹上或是落撒滿地，都為空間增添嬌柔雅氣。黃小姐保護大自然的那份心源自於農家成長背景，就拿餐廳的山坡地開發來說，她堅持絕對不能鬆動土壤本身密度，唯有長存保護自然的那份心思，才能與之共生共存。

沒有空調冷氣的半開放建築中，好似有層看不見的保護膜，遮擋了南部螫人的暑氣。這全要歸功於採空氣對流循環的綠建築，加上綠樹庇蔭，坐在鏤窗開放的室內竟不覺熱氣逼人。芒果藍帶豬排上桌，豬排中間夾著軟汁起司，淋上芒果優格醬，去除肉質的油膩，多了份香甜與清爽。除了豬排還有芒果起司肉捲，黃橙橙的汁醬，就是夏日季節的顏色，芒果佐餐的食物果真就是賞心悅目。餐後再來一道芒果加上冰淇淋的芒果爽，或者一杯沁心涼的芒果汁。飽足芒果餐飲之後，抬起頭來環顧餐廳依然高朋滿座，此時，終於知道為什麼綠色空間為什麼如此受遊人青睞。

下午2點多，黃小姐才總算有鬆口氣的時間，她一來就開口說，來玉井怎麼可以還沒吃過今年的芒果。不消10分鐘，一盤新鮮多汁的芒果切塊水果就在我眼前，雖然不出1小時之前才吃飽撐了肚子，但依然教人直嚥口水。

黃小姐戳起一大塊的芒果，毫不手軟的塞入口。原來，芒果要切大塊且一次入口，讓整塊芒果充滿口中，塞滿嘴巴連汁液都要流出來，才是真正道地吃芒果的方法，看得我垂涎三尺。

晨遊走馬瀨　飽覽農場風情
綠色隧道鐵馬行　牧牛草地日光浴

　　玉井市區小巧得可愛，傳統的鄉鎮樣貌讓急躁的腳步也輕輕趨緩下來。在街上胡亂繞了一圈，看裁縫老店、傳統商家、糕餅小舖，真是有意思，在一家黑白切小吃店解決晚餐之後，決定晚上住宿在離市區10分鐘車程的走馬瀨農場。整天行程滿檔，進入農場天色近晚，還沒能看清農場樣貌，就已經鑽進被窩，讓柔軟的床安撫痠腫的腳。

　　早晨迷濛醒來，鳥叫聲此起彼落傳入耳際，完全密合的遮光窗簾讓房間一如夜晚。天還黑著吧？心想。賴著舒服的床就是不肯起身看時間。走馬瀨的住宿房間說不上豪華，但是簡單、清爽，該具備的設備皆有，剛好符合平實旅人的需求。

　　終於起身拉開簾子，陽光像洪水洩洪，溢滿房間木地板，及腰的大窗戶是一片藍的天空、綠得滿枝椏，農場的草香倏地竄入還沒開始運轉功能的鼻內，心頭一驚，可睡過晚了？找時間一看，竟正剛過7點，匆忙踏出房門，怎可錯過如此美好的日晨。

　　在農場裡換證件租輛單車，往1.5公里長的綠色隧道騎去。走馬瀨目前屬於台南縣農會，從日治時代到民國44年租借給台糖公司作為玉井糖廠使用，民國72年開始引進並全面種植新興的畜牧作物——盤固拉草，後來農場轉型，才開放為觀光休閒農場。

　　佔地120公頃，牧野草原佔了其中的40公頃。綠色隧道不同區段樣貌也不同，沿途種植了大葉欖仁樹、黑板樹、芒果樹以及月桃樹，不同樹型遮蔭的視覺各具風情，大葉欖仁樹的主幹筆直，直到支幹上端才如傘散開；黑板樹粗壯的支幹，根部扎實入土，就是給人安全感；經過芒果樹路段，一心只想著有沒有芒果結果在樹上，可也忽略了一路的靜謐，早晨的農場有著新生的清淨。

　　從農場住宿區的方向往牧牛的方向騎去，東升的晨光正好從右手邊照過來，金黃色的陽光，灑在滿地的牧草地上，心中沒有其他的想法，就是一個美字形容，也慶幸今天起了大早，才有機會舒服的享受一段少了遊人的農場清晨時光。

曾文旅遊線　景點

走訪江家古厝　探究閩式建築
時經300年　閱讀活建築史

　　從玉井往梅嶺的途中，突然下起綿綿細雨，本想一路衝上梅嶺的堅定當下瓦解，臨時拐入在台3線上一間派出所邊上的巷子，來到擁有300年歷史的江家古厝，佔地3.5甲，聚落稻埕廣場前稱為月眉埤的風水池，是我看過的閩南合院建築中最大的一個，四進三院十三條護龍的建築格局，成為現在全台最大而且保存得最完善的閩南建築。

　　稻埕廣場居民閒散聊天，老人家們往來其中，跨入正院廳堂所見的彩繪磚瓷、花窗雕刻，可見當時建造的規模和氣勢。原本聽解說老師提到，江家古厝是年代已逾百年的聚落，我想應是被「供」起來的老房子，早沒人住了，沒想到康熙6年來台，輾轉定居此地的江家後代，傳承至今，目前還有20多戶人家住在裡面。

　　這個聚落就像是個活的建築歷史，130多棟房屋中除了眼前最大宗的古色古香磚瓦房之外，早已消失的泥土竹編厝、加上石灰的粗糠稻稈牆面、洗石子牆還有土塊厝等等不同年代的建築手法，都遺留在聚落裡。

　　在房舍中還留有當年的兵器室跟伙食房，現在所見的建築規模據記載早在清代時期就已經具備，可見江家聚落的輝煌氣勢。

梅嶺稜線步道 遠眺茶園風采
冬季花滿枝頭 如白雪覆山巒

站在1千多公尺高的稜線上,看盛秋的風將嵐霧帶來又吹走,可惜我親臨以梅為名的梅嶺,卻沒遇上開花季節。

聽說每年從12月中開始的花期,一直延續到隔年的1月,那個季節的梅嶺山地鋪上一層白,白得柔軟、白得細膩,可別誤以為才海拔一千多公尺高的梅嶺竟下起雪來,那是白梅滿開的姿態,開得燦爛、開得飽滿,為山頭上了清新的粉妝。若在四、五月前來,則可見到滿山遍野的螢火蟲,一閃一閃的,在黑夜中有如繁星,美得教人不捨離去。

梅嶺有數條登山步道,每一條都可通到稜線,但依路況而分有不同難度等級。我選了最困難的一線天步道來測試體力,這條步道沒有平整的木棧道,所謂的「路」,是依著前人走過的足跡而行,甚至有一段路是由幾片木片拼成只有一個人肩膀寬度的懸空木道,所以必須一手拉著手工釘在山壁上的繩索,才不會有失足跌落山底的憂慮,真是緊張得寸步難行,原來要親自體驗,才能體會何種滋味。

手工醃梅　遵循古法
特產佐菜　創意料理　吃出用心

　　梅嶺的梅子早在日治時代就由日本人引進栽種，他們精挑細選，相中氣候合宜、原本稱之為香蕉山的梅嶺來試種梅子，台灣光復之後日人沒法連根拔起將梅樹帶走，佔據大片山坡的梅樹轉移到台灣人手上繼續栽種。台灣的農人真是世界第一等，接手之後不僅把梅樹照顧得花大果肥，還成功研發出皮薄、肉厚、汁多的新品種，台灣梅農帶著新品種外銷日本，用梅子攻佔了日本。

　　上述的故事是梅嶺大眾餐飲店的許阿嬤，親身經歷的梅嶺梅子歷史。許阿嬤現年已經70多歲，看著梅子外銷生意的喧囂大起又安靜消沉，近10多年來，外銷市場已經是大陸的天下，少了外銷管道，只好自己手工包裝一箱又一箱的梅子運到青果大批發市場銷售，但盛產銷不掉的梅子可怎麼辦，兩個兒子腦筋動得快，以許阿嬤傳統的製梅方法，來研發相關產品。

　　純手工釀製、沒有添加防腐劑的天然紫蘇梅、脆梅、Q梅、梅粉、梅露、梅精等等，可以當蜜餞零食，也可冷泡飲料，還可拿來佐菜入味。製梅方法是許阿嬤跟著大人一邊看一邊跟著做學來的，最好挑選清明節前大

梅嶺出產的梅子醃製成的蜜餞，風味絕佳。

約七分熟的梅子來釀製，許阿嬤說，做法很
簡單，但就是要費時看顧換水，最快2個禮拜
就可以吃了，但好吃的梅可就需要時間了，
像是紫蘇梅至少要放上1年才好吃，5年以上
才吃得到甘味。

以自製的梅來料理菜餚也是許阿嬤的兒子
窩在廚房裡研發出來的，梅子雞、梅子豆腐、
梅子炒青菜……十多道一大桌的梅子大餐。梅
子雞是最受歡迎的代表作，老闆許鴻文說，好
吃的梅子雞精髓就在那一鍋酸甘適中的湯頭，最難的是梅子加上梅
汁與湯的比例要拿捏得準，到底比例如何，可就要靠經驗了，因為
每一桶梅子的酸度不同，所以比例也跟著變，這就考驗廚師的技術
了，另外再加入自己配製的七種中藥材一起煮，才可將梅子的甘味
提出來，而且跟雞肉搭配得恰到好處。

有機軟枝楊桃 質軟香甜多汁
密枝果農之家 現摘嘗鮮採果樂

　　聽當地人說密枝村的水果特別好吃，尤其是楊桃，香甜水分多，就連台北人都指定宅配訂貨。本來已經離開玉井到了楠西，一聽到密枝的楊桃此生不吃會後悔的誇張形容，儘管懷疑但為避免終生抱憾，還是掉頭回到台3線，尋找位在362公里處的「果農之家」。

　　果農之家的楊桃園有12公頃大，已經種植楊桃10多年的果農江新炎說，這裡的土質屬紅土，不是沙地，特別適合種植楊桃，密枝特產的軟枝楊桃是引進馬來西亞品種再加以改良的軟枝楊桃，呈黃橙色澤、果粒大、肉質軟、水分多，唯一的缺點就是太嬌嫩了，一不小心碰到就受傷。

　　軟枝楊桃與其他品種產期一樣，每年從9月開始一直到隔年4月，長達8個月，9月的採收期過後，下一次要等到12月底一直到元宵節前，約有1個半月。

　　農田上矮於一般人高度的楊桃棚架，正掛著滿滿包著白紙袋的楊桃，江新炎說，紙袋是保護作用，只要等到紙袋內的楊桃變黃而且從紙袋可以透

光就可以採收了，他強調這兒的楊桃全部施用有機肥料，所以從樹上採下來可以直接吃。

但是軟枝楊桃的嬌嫩也讓江新炎連連好幾年沒能採收，因為軟枝楊桃的蒂頭非常小，只要風強一點就被吹落地，加上這幾年的颱風嚴重，每次好不容易盼到採收期，就來一個颱風攪局，一整年的辛苦全部化為烏有。已經3年了，遇到天災讓人嘆無奈，江新炎只能苦撐再等下次採收期，所幸他的楊桃是出了名的好吃，所以每一次採收之前就已經有台北的遊客訂單，指定宅配購買，讓他可以撐過一次又一次老天的考驗。

「下次什麼時候採收？」我問，江新炎回答得妙：「我也不知道，要看老天什麼時候給我收成。」所以得到的結論是，三不五時打個電話詢問一下進度，不過也幸好一輩子踏在農地的江新炎懂得現代通路，以網路訂講宅配的方法進行線上銷售。

星級南洋飯店　山間水畔入眠
山芙蓉脫胎換骨　解說導覽迎賓客

　　打開房間的落地玻璃窗，眼前一片黑，白天的山景已經被夜給吞噬，視覺被阻絕，聽力反而站上五感的第一線，變敏銳了。水庫下游的溪水聲配合了大自然的指揮奏出律動樂音，聲音如浪潮一波一波敲入耳際，即使關了窗，還是隱約可以聽到好似翻過山頭傳來的細瑣聲，給予疲憊的旅人最需要的安撫。

　　睜開眼，天光已經大亮，定神看看窗外山景，這時才讓人好好地看一下這間位在曾文水庫內的山芙蓉飯店。其實，山芙蓉已經是間有年代的老飯店，經營者努力趕上時代的浪潮，轉型度假飯店之後，果真換了新氣象，不知飯店過往的旅人還以為又蓋了新飯店。

飯店內有烤箱室、蒸氣室，玩累了可在這兒消除疲勞。

　　椰子樹下的游泳池，椰子殼的沁涼椰汁就在躺椅邊，南洋的木椅、熱帶的花樹，無處不散發著度假氣氛，去年上任的總經理郭文瑞縱橫國內外飯店數十年，他植入國外經驗，舉辦各種活動、導覽、解說及周邊半日遊等活動，讓山芙蓉提供的不只是星級的住宿環境，更是整體的休閒旅行。

新鮮水庫魚 36吃祭五臟
中藥材煲雞湯 最適冬天溫補

　　對水庫魚的印象是日月潭刺多又細的總統魚、石門水庫活魚十多吃，這次來到曾文水庫發現這裡的魚種多而且吃法飆高到36吃，當下決定頒給曾文水庫魚一張獎狀，勇奪台灣水庫湖水魚第一名。

　　端上美食桌的水庫魚有吳郭魚、魚虎、大頭鰱、總統魚、筍殼魚、鯁魚、武昌魚、草魚、鯉魚以及紅魔鬼，由於水庫屬活水，跟養殖最大的不同就是沒有土腥味。在眾多魚種當中，最得人緣的就屬大頭鰱，山芙蓉飯店主廚吳永茂說，一尾大頭鰱可以重達20、30公斤，屬活動力很強的大型魚，顧名思義大頭鰱的頭果真很大，非常適合取魚頭來做砂鍋，肉質特別嫩，朋友4、5人一起圍著大鍋搶啃魚頭，還真過癮。

　　屬於外來魚種的筍殼魚體型上就比不上大頭鰱了，一尾頂多2、3公斤，但魚肉非常嫩，如果夠新鮮，拿來清蒸最棒，可以吃到最單純的魚鮮甜味。另外也是屬於外來種的魚虎，肉質就比較彈Q有嚼勁，而且魚虎也是屬於大型魚，最大可以長到好幾十斤，加上魚肉本身帶有些許腥味的特性，所以吳永茂建議三杯料理最適合。

　　不同於草食性且個性溫和的大頭鰱，屬肉食性且生性兇暴的魚虎，光是短短10年之內，就已幾近滅絕許多水庫裡其他的魚種，改變了水庫的生

態環境，現在已經堂而皇之的成為霸主了。魚虎只要相中獵物即猛追狂殺，不到手不罷休，很多10斤以上的大魚都慘遭開腸破肚的下場，有釣友說，已經折斷好幾支釣竿，因為釣到比食人魚還要猛爆的魚虎，力氣之大可以拉斷魚線。

聽了魚虎的「英勇事蹟」之後，更覺得要努力多吃魚虎，因為現在牠的天敵只剩下人類了。而造成生態大改變的就是任意放生造成的結果。有人開玩笑說，可別擅自下水游泳，雖然遇不到大白鯊，但是有比大白鯊更可怕的魚虎等著呢。聽了魚虎的故事，面對這鍋三杯魚虎錯綜複雜的心情讓人不知該不該動筷。

除了水庫魚之外，山芙蓉飯店也以當地食材來佐餐，吳永茂推薦他獨家研發的「山芙蓉富貴雞」，以山芙蓉梗、參鬚、紅棗、鹿角茸、川芎等十多種中藥材塞入已經汆燙熟透的土雞肚內，再加以熬燉入味，融入中藥和雞肉的湯頭，鮮甜得教人說不出話來，很適合冬天溫補。另外以玉井的芒果、楠西鄉的杏鮑菇來料理的「大福水果蝦」和「養生杏鮑菇」也很有特色，像是這道以明蝦佐玉井芒果，外皮包裹麻糬的「大福水果蝦」，清爽又好吃，光用看的就教人甜得開心。

登曾文之眼攬勝　環湖漫步拋煩憂
溪水花鳥　滿巒綠意　盡收眼前

　　沿著環湖道路慢慢走，湖水在右邊伴著，遇涼亭、觀景樓就停下來歇腳，天空和遠山倒映在如鏡的水面，遠處的人看這景象要說是一幅永恆的自然之畫。霎時，風吹雲飄、樹搖山轉、水波漣漪，就在秒差之間，甚或一個呼吸的同時，這片湖水早已過了千百世紀的物換星移，只是有心人粗鈍，沒能察覺。想起友人不久前因為心煩說要遠走旅行，去找尋叫作「平靜」的朋友。現下想起，可惜晚了一步，友人已經踏上旅程，很想跟她說，那個名為「平靜」的朋友不用出國遠尋，它就在我眼前。

　　不知是因為曾文水庫要收門票才讓遊客卻步，還是它的美太過脫俗，遊人不懂欣賞。一早環湖的散步，人煙寥寥，心中暗自竊喜，因為這等美景，如果擠滿了遊樂園般的熱鬧觀光人潮，真的就掃興了。網路上說21公尺高的觀景樓是賞水庫最佳地點，此話倒是，由建築師葉世宗設計的觀景樓有型有款，入注水庫現代樣貌，同樣也是由他設計的遊客服務中心「曾文之眼」，獲得第一屆南瀛建築文化獎。狹長型的建築，外罩玻璃帷幕，收攏了前端的滿巒綠意，後方的溪水花鳥，有如一顆反映著曾文自然美景的眼睛。

　　走累了，坐入「眼睛」裡休息，從裡朝外看，風景沒有因為建築而遮蔽，反而像是隔層保護膜，與外界有距離地互望。服務中心除了販售簡單的零食飲料，還有水庫的介紹資料說明，二樓則是藝文展覽空間。

　　踏入建築後方的綠地，粗壯的雨豆樹、火炎木散布其中，草地中有桌椅可休息，環身其中是自然與建築共融的空間，一旁的遊人說，拿杯咖啡坐在這兒看雜誌，就像身處歐洲的庭院咖啡座中。原來，只要心是開放的，不管身處何地都可感受到世界的美好。

　　正要離開時，抬頭看到建築上端的玻璃上貼了紙剪的鳥，相對於建築本身略顯突兀，好奇問了一下，竟然得到非常有趣的答案，原來玻璃倒映的環境太逼真，不長眼的鳥毫不猶豫直衝撞上玻璃，把自己給撞死了，水庫工作人員不忍，請教鳥類專家，在玻璃上貼上幾隻紙剪的老鷹，據說鳥怕老鷹，就算貼上假老鷹，也會有嚇阻效果，自此之後再也沒有鳥自己飛來找死了。

台3線山水爭妍 崎嶇山路景萬千
陽光、山林、湖水 收藏自然之美

　　台3線道是守護在曾文水庫右手邊的護衛，從玉井接上經過楠西鄉之後，就一路平行蜿蜒於水庫側旁，或者也可以從水庫後門馬上接上往北方的嘉義農場方向前行，我們繞了路往南從水庫前門再接北上，雖多了20分鐘路程，卻是一段舒適宜人的路程。

　　台3線沿著水庫路段屬山路，道路彎彎曲曲又上上下下，車速自然得放慢下來，對工作趕時間的人來説，是一段漫長崎嶇的山路，但對旅行的人來説，卻是欣賞風景的好路段。林樹茂盛，山區的光影穿透林樹葉間，水庫湖水隱約忽現，有時以為已經離開了那片廣大靜謐的湖水，卻在盡情享受山林擁抱之下的歡愉，那片湖水悄然出現，無聲無息的低調不擾人，但容貌太過引人，總讓人要忘卻山林之愛，轉而投向湖水懷抱，然而在車子行經一個彎道之後，那平靜憺人的湖水消失無影無蹤，又剩這片綠得化不開的山林陪伴。

　　不到1小時就到了嘉義縣的大埔鄉，回望台3線，它護衛水庫的責任也在此完成任務。

蟲鳴鳥囀蝶伴舞　生態樂園享野趣
偶像劇夢幻場景　嘉義農場親體驗

　　台3線一路往北進入嘉義大埔鄉沒多久，先到位在359公里處的嘉義農場，聽說前幾年偶像劇《星蘋果樂園》在此拍攝，農場知名度暴增，現在還留有當時為拍攝工作、彩繪得夢幻如童話故事的小木屋。在一排小木屋中特別顯眼的601、602號，就是劇中男主角的房間，現在已經開放遊客訂房，聽說很多粉絲來到農場只為了體驗住宿男主角的房間，但對更多遊人來說，眼下農場美景卻更真切於偶像劇的憧憬。

　　清早的空氣特別清爽，南島的烈陽還未甦醒，正好是散步環湖步道的好時間，步道一邊是結了露珠的林樹草地，一邊是晨霧剛散的曾文水庫的湖水，非洲大蝸牛是路上的大路霸，無視散步者，大搖大擺地停住路中間，已經被烙印上害蟲印象的福壽螺與非洲大蝸牛分佔道路。林間知了聲乍響，形成夏日協奏曲，大樹幹上一隻隻知了文風不動，近看才恍然大悟，是金蟬脫殼的外衣。

　　接近露營區，一株活得旺盛的黃玉蘭，在晨間的天空下，顯得特別亮眼，看不出竟已百年高齡，聽農場工作人員說，這株黃玉蘭是全台樹齡最長的一棵，開花時節，滿樹披著鮮黃的花朵，好看極了。

135

　　農場的生態自然形成，民國40年成立時，原為農業生產之地，後來才轉型為休閒觀光農場，所以園區生態早在經營者進駐之前就已經形成，成了最天然的一處生態園區。接手的劍湖山世界休閒產業集團不僅保護了這塊生態樂園，更建立一處蝴蝶生態園，春夏的早晨，蝴蝶飛滿園子裡，就連難得一見的保育蝴蝶——黃裳鳳蝶也都成了常客，入秋之後，則是粉蝶的天下，一年幾乎長達三季的時間可見蝴蝶的蹤影。

　　既然是個連動植物、昆蟲鳥類都愛的天堂，鐵定是個無染的環境，民國63年先總統蔣公在此特設行館，成為國內唯一一座設於水庫旁的總統行館。行館至今保留，只是沒有對外開放，平日就剩下大門前的茄苳樹與之相伴。

大埔湖濱公園 釣客競技天堂

搭艇遊湖 每日一班得趁早

　　湖濱公園其實就是曾文水庫的一部分，水庫南北橫跨台南跟嘉義兩縣，延伸到嘉義大埔鄉的湖水，當地人給了美麗的名字，一是湖濱公園，另一是情人公園，兩座公園其實湖水相通，再由一座吊橋連接。

　　不管何時，湖畔邊上總見釣魚客，走近一看魚桶，大多是銀白小魚，看來等一下就要被釣客烤來配酒吃入肚了。蹲坐在泊船木棧平台上的釣客說，如果領有執照，還可開舢舨船到湖區去垂釣，筍殼魚、鯁魚、武昌魚、草魚通通都是鉤上獵物。原本趕著搭乘平日一天只有一次船班的環湖遊艇，錯過了，只好等著明日再來，空出的時間正好跟著釣客蹲在平台上混時間。靜靜等待魚兒上鉤之際，才終於放下趕路的心情，好整以暇的看看四周環境。原來同個水庫，卻是兩樣情，從平台隔著一波湖水與馬頭山遙望，湖水上幾座無人小島離岸邊近，錯覺游個泳就可攀上島去，還好這只是一閃而過的傻念頭，隔日搭船遊湖才發現，小島看似近，卻遠得很。

137

自產自銷 咖啡飄著土地香
山間巧遇好滋味 美景相伴味更醇

　　平常不常喝咖啡，但是久沒喝竟也會思念，到達嘉義縣大埔鄉的那天特別想來一杯香醇的咖啡，原本只是在心中嘀咕，鄉下小村要找到好喝的咖啡，可能比中樂透還難，沒想到有眼不識泰山，兩腳已經踏上咖啡之鄉而不自知。大埔鄉的人這樣說：我們的咖啡栽種在排水良好的山坡區段，並且有竹林和相思林遮蔭，這塊土地的氣候溫度適宜，種出來的咖啡特別香。這段描述跟鄉內唯一的一間咖啡小店──「玄山湖」，自種的咖啡田如出一轍，原來那片種出好咖啡的山坡地就是大埔鄉的白馬山。

　　玄山湖咖啡店主人林飛宏家人在10多年前買下3甲多的地，當初有20多戶咖啡農，山坡上全都種植咖啡樹，林飛宏在3甲地上種了2千多株咖啡樹，經過自己研發改良品種，現在的咖啡不僅品質好，還有大埔當地的特色香氣。既然有咖啡豆又有土地，於是就在半山腰開起小咖啡店，林飛宏從種植、烘焙、到煮咖啡，全部自己動手做。

　　在小鄉村中竟然可以喝到簡單、實在又香醇的咖啡，就讓人滿心喜悅，選一張露天的座椅，居高面對的正是這幾天一路相伴的曾文水庫，正值黃昏時分，看夕陽與光影一起沉落湖面之下，這場咖啡之旅，是上千元一杯咖啡都比不上的富饒。

環保度假村 自栽香草料理美味
護生態不馬虎 軟硬兼施愛地球

　　臨著湖濱公園旁的歐都納渡假村，可說是大埔鄉的超高檔五星度假村，在只有幾條街大小的小鄉鎮裡，竟然有規模如此大的住宿地點，著實讓人驚訝。美式小木屋以實木為架構外體，配以香杉梁柱、柚木地板，每一個房間地板下鋪有竹炭，加上通風設計，乾爽舒宜還散發淡淡的木香。

　　入住之後才更瞭解經營者非常重視生態環保，紮實執行環保飯店的概念。度假村協理程婉君說，園區採低密度開發，盡量讓自然與度假村融為一體，多年下來園區可說是人與自然共處，園內鳥類多達70種，盤旋附近的老鷹也有70多隻，不僅如此，建築屋頂裝設灑水系統，夏天自然降溫5℃。在軟體上也處處考量，餐具重複使用、採用再生紙張、不提供大浴巾及可攜帶走的沐浴備品等等，更徹底的是回收客房使用剩下的香皂，處理過後當作洗衣皂使用，從環境、建築到軟體上徹底貫徹環保概念。

　　環保之餘，也自種植物。歐都納克服了南台灣的熱氣，園區內成功種植各種香草，採用自家香草推出的香草餐，成了情侶和上班客群的最愛。另外結合各類的水庫魚跟大埔當地的特產，推出風味餐。依照經驗，「當地風味餐」與「時尚」這兩個名詞是兩條平行線，沒有任何交集，但歐都納給予現代與美觀的時尚外衣，以香草餐為例，西式套餐的方式表現，從餐

點內容、上菜順序到餐盤，給人在都會時尚餐廳用餐的錯覺。

　　當然，好看之餘最重要的是要好吃，選用當地每天在大自然中運動的山土雞、大埔特產的麻竹筍、各種水庫魚，加上當地居民醃製的梅汁、筍乾等烹調，最棒的是以梅汁入大頭鰱、大火快炒魚虎皮、嫩炒筍衣等等，這些都是離開大埔就吃不到的美食。另外，從11月開始到隔年3月是大頭鰱正肥的時候，剛好這個時候也是吃鍋的季節，所以歐都納以15斤的魚頭搭上當地特產推出砂鍋魚頭，魚頭大、分量夠，真是過癮。回程時除了好山好水的美景，惦記心裡的就是那一鍋魚頭了；歐都納說，喜歡的話，就給你宅配到台北去。

歐都納的風味餐經過主廚巧思包裝，菜色多了幾分時尚感。

❋ 綠色空間
地址：台南縣玉井鄉沙田25-66號
電話：06-5747666
網址：www.greenspace.tw

❋ 走馬瀨農場
地址：台南縣大內鄉二溪村嘓子瓦60號
電話：06-5760121～3
網址：www.farm.com.tw/

❋ 芒果產業文化資訊館
地址：台南縣玉井鄉中華路228號
電話：06-5748551
導覽資訊：開放及導覽請洽玉井鄉農會推廣股

❋ 大眾餐飲民宿
地址：台南縣楠西鄉梅嶺風景區32號
電話：06-5752598

❋ 密枝果農之家
地址：台南縣楠西鄉密枝村6號
電話：06-5750035
網址：www.gogo99.com.tw

❋ 江家古厝
地址：台南縣楠西鄉鹿田村
電話：06-5751081
網址：http://www.siraya-nsa.gov.tw/
導覽資訊：鹿陶洋江家文化促進學會提供團體導覽解
　　　　　說服務

❋ 梅嶺風景區
網址：www.nycpc.org.tw/meiling/index.html
導覽資訊：梅嶺風景區發展協進會總幹事許鴻文，電
　　　　　話：0927-771539

❋ 山芙蓉渡假大飯店
地址：台南縣楠西鄉密枝村102-5號
電話：06-5753333
網址：www.hchibiscus.com/

❋ 曾文水庫
地址：台南縣楠西鄉密枝村70號
電話：06-5753251轉6210 、 6201 或 6228
網址：www.wrasb.gov.tw/TSENGWEN/

❋ 嘉義農場
地址：嘉義縣大埔鄉西興村四鄰3號
電話：05-2522285
網址：www.chiayifarm.com.tw/

❋ 玄山湖咖啡
地址：嘉義縣大埔鄉台三線338公里處
電話：05-2522169、0935-517317
網址：www.coffee338.idv.tw

❋ 歐都納山野渡假村
地址：嘉義縣大埔鄉大埔村202號
電話：05-2521717
網址：www.atunas-inn.com.tw

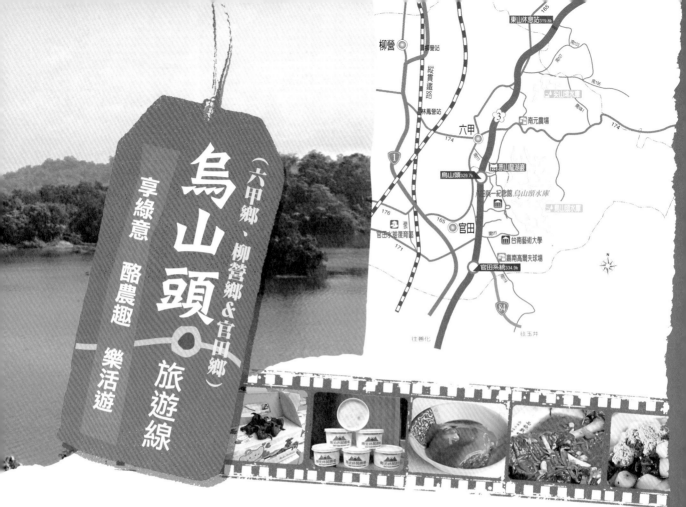

（六甲鄉、柳營鄉＆官田鄉）

烏山頭

享綠意 酪農趣 樂活遊

旅遊線

舟影處處，菱香四溢，
官田的農家生活如詩如畫，別具風情。
想嚐嚐擠牛乳的樂趣嗎？
快搭上五分車前往水草豐美的柳營，
體驗酪農生活吧！
湖光山色的江南風情、生態豐富的農場更不容錯過，
快提起行囊，來趟嘗鮮之旅吧！

擠牛奶鮮體驗 採菱角農家樂

悠遊烏山頭 農場樂活遊

山水伴行

　　意外闖進了名為西拉雅的風景區，來到了烏山頭遊憩系統。一路遊遊蕩蕩，從官田鄉經六甲鄉，到了柳營鄉。

　　沒有絢麗的奢華度假村、沒有奇特驚險的旅遊設施，三個鄉鎮以盎然綠意為我們拉出一條長長的風景線，引領著遊客見證了日據時代台灣最大的水庫的古往今昔、牛乳產量佔全台 1／5的酪農村、還有遍植十數萬株綠樹的南台灣最大農場。這裡的美食更和地方特產息息相關，美麗的菱角田、可愛的黑白乳牛，奇特的羅李亮樹、茄冬樹都可入菜，鄉村就是這麼地令人驚奇。

　　難得放假，不要人擠人的過日子，放輕鬆，悠遊烏山頭，單純的自然美景將帶給你最難忘的樂活假期。

珊瑚潭夕照美景扣心弦
半水力沖淤式石壩　世界僅存

　　老實說，在南台灣的諸多景點中，或許烏山頭水庫風景區沒有屏東墾丁的洋風海派、不若高雄旗津、西子灣般占盡離都市近的地利之便……，但卻有讓人不可忽視的是她有著渾然天成的自然美，秀麗中顯現小家碧玉的舒適感。

　　烏山頭水庫風景區位在台南縣官田鄉和六甲鄉交界，初建造時稱為烏山頭貯水池，是由曾文溪近30幾條大小支流從四面八方匯合而成，貯水面積達1,300公頃，集水區林地高約6,000公頃。由空中俯視形成蜿蜒曲折的湖岸線，彷彿就像一株碧綠的珊瑚礁，因此有人給她起了個美麗的封號名為珊瑚潭。

　　位於西拉雅風景區內的嘉南農田水利會烏山頭水庫，來頭不小，它是嘉南大圳最主要的水利工程之一，也是台灣早期的水庫系統之一，當年是為了嘉南平原的農作灌溉，由日本的水利工程師八田與一規劃完成。興建完成之後，不但是日治時代台灣最大的水庫，水庫上方的蓄水石壩更是世界目前僅存的半水力沖淤式土石壩結構，在水庫建築史上有其特別的地位。

三角埤公園森林浴 SPA紓壓去
八田技師紀念館 憑弔烏山頭水庫之父

　　我來到烏山頭水庫，第一個停留的景點是「三角埤公園」，園內樟木樹林林立，可悠遊漫步、享受森林浴洗禮；不遠處則是南台灣腹地最大的親水公園，水質清澈，設有刺激有趣的高空滑水道、長泳泳池、造型可愛的兒童戲水區，池畔也有各項SPA設施，是夏天大人、小孩最愛的地方。

　　再往前走，來到了八田技師紀念室，在此遊客可以了解烏山頭水庫的歷史；最近日本完成了一部動畫《八田來了——台灣與水的故事》，描寫的正是規劃烏山頭水庫的八田技師和台灣的故事。八田與一在日治時期被派來台，他在1920至1930年間，完成當時亞洲第一的農業水庫，給排水路總長1萬6,000公里，故被稱為「嘉南平原水利之父」或「烏山頭水庫之父」。1942年他奉調前往菲律賓，途中所乘船隻遭美軍炸沉而殉職，遺骨被安葬在烏山頭水庫；日本戰敗後，八田的妻子外代樹因不想被遣返日本，而在烏山頭水庫出水口自盡，後人將他們合葬供人憑弔。若想進一步了解八田技師生平，也可前往附近收藏有八田照片與手稿的慈聖宮參觀；目前西拉雅國家風景區管理處也正著手整建「八田與一紀念園區」，預計在2011年以「台日音樂會」舉行啟用儀式，屆時將開放供遊客參觀。

祈年殿 古色古香媲美宮廷

洩洪壯麗之美 壩頂最佳觀景處

　　別了沉重的故事,我繼續往前走,來到通往大壩路上的香榭大道,此道全長1.2公里,兩旁俱是南洋櫻花,是興建水庫之初,日本人引進的品種,春天來最美,滿眼粉嫩花朵的漂亮景觀,甚是浪漫。

　　香榭大道的另一端,外型仿中國北京城南端的祈年殿而成的同名景點是烏山頭水庫風景區最特別的宮殿建築,烏山頭的祈年殿約為中國祈年殿的1/6縮小比例,但規模宏偉,造型莊嚴,古色古香。值得一提的是,香榭大道旁建於1920年的大壩,是攔截曾文溪支流官田溪後,利用上游分歧之自然低窪谷地匯成珊瑚狀水庫,是世界僅存之半水力沖淤式土石壩結構,堪稱國寶,壩頂道路也是觀賞水庫的最佳景點。

　　走累了,園區內的新大西拉雅飯店原名珊瑚潭劍橋大飯店,興建至今約8年時間,屋況還算不錯,客房擺設簡約,房間寬敞,有陽台的房間可以眺望珊瑚潭美景,適合想要享受美景卻又不想走遠的遊客。

台南藝術大學 珍藏建築瑰寶
流水穿古橋 垂柳迎風搖

　　位於官田鄉半山腰上的台南藝術大學，是一個獨具建築特色的美麗學校，一進門雄偉的「圖資大樓」頂端有著雙鸞鳳校徽，而內部的挑高設計十分氣派，連戶外猶如樂符跳動的布告欄，處處都十分具有設計感。

　　台南藝術大學校園占地廣大，而為了保持原有自然景觀，校園中除了南北一條中央圓道及各部門之間的通道外，只在稜線開闢步道，沿步道修建眺景台，而校舍建築充分運用中國漢唐圖飾與閩南紅磚建材，風格上極為古典樸實，又具備自然園林的風味。

　　特別在教師獨棟宿舍區內，紅磚白牆、仿閩南建築的設計，加上小橋、流水與垂柳，營造出一幅江南水鄉的美麗風景。三座由中國運回來的古橋：興建於宋代、由浙江運回來的同安橋，以及民國初年建造的敨斯橋等，橋身有宋代橋梁牡丹花圖案，古樸厚實的石刻紋路中仍可感受剛中帶柔的工藝之美。

　　而由台南藝術大學獨資經營的「藝術家南書房」書店，提供師生一個優美又具知性的購書環境，裡面附設咖啡廳，可以在裡面享受悠閒的下午茶；而有著大片格狀草坪的「音像藝術媒體中心」每每都吸引不少遊客在此駐足。

官田土沃水質佳 舟影處處菱香溢

碩大鬆軟味無窮 酥炸水蒸兩相宜

　　位於烏山頭水庫源頭的官田，因為有珊瑚潭充裕的水源灌溉，水質優良，孕育出又大又好吃的優質官田菱角，不僅如此，全國超過6成的菱角產量也都來自官田，享有「菱角故鄉」之稱。

　　每逢9月至11月底的菱角產季，處處可見農民忙著採紅菱的景觀，「菱香四飄溢，舟影處可覓」。農民說，採收時得翻開一片又一片葉子，菱角就藏在裡面，一片菱角田至少會被翻過9次才能完全採收完畢，雖然過程辛苦，但能見到一盆盆紅到發亮的現採菱角，滿滿一盆就心滿意足。

　　菱角盛產旺季，由新營市沿台1線南行，沿線處處可見菱田，道路兩旁不時可見農民把剛採好的菱角清洗過後擺放在路邊銷售，或是販賣水煮菱角的攤販，另外將菱角裹粉酥炸，也是常見當零嘴的品嚐方式。官田農會表示：選購菱角，要選果實看來比較豐厚、皮比較薄、顏色比較深的菱角，這樣品質比較優良而且口味比較好。而官田鄉農會每年會舉辦「官田菱角節」，推出「蒸汽菱角禮盒」，讓很多不會蒸煮菱角的人，可以宅配購買（宅配費自付）、現拆現吃。

149

隆田酒廠 醇味小吃饋親友

二鍋頭鹹冰棒　莉花酒蛋糕　風味絕妙

　　建於二次大戰末期的「隆田酒廠」，歷史幾經變革，從當時以番薯發酵製造丁醇，充當飛機燃料的工廠，到光復後轉型成為製麴工廠；其後成立「隆田酒廠」，以生產高粱酒為主，其中又以「二鍋頭」最香醇濃郁，頗受廣大消費群喜好。

　　近來「隆田酒廠」轉型為觀光酒廠，產品更是多元發展，除了酒類產品有「高粱酒系列」的高粱酒、「米酒系列」的龍鳳酒、「精製酒精」系列的伏特加酒、琴酒外，還相繼研發了二鍋頭鹹冰棒、龍鳳鐵蛋、紅麴香腸、茉莉花酒蛋糕……等產品。

　　「隆田酒廠」不只是單純做為一處生產酒廠，同時也積極營造美化周邊環境，讓酒廠搖身一變成為觀光新景點，讓每位前來此參觀的民眾，在廠內解說人員的導覽下，更進一步認識酒的相關知識，體會酒的香、醇、甘而陶醉其中。

　　另外，在展售中心還可品酒小酌一下，再配上「隆田酒廠」用酒研發的伴酒小菜：龍鳳鐵蛋、紅麴香腸，或是在現場立刻品嘗風味獨特的二鍋頭鹹冰棒，回程前選購廠內大受歡迎的伴手禮，帶著滿滿酒香與更多親友分享。

未成年請勿飲酒

百年剉冰店　新鮮配料多
麵茶香醇湯圓Q　遠近馳名客滿堂

　　在六甲恆安宮媽祖廟外面的廣場上，只見一個小攤子櫃子上貼著「南瀛老冰店認證書」，這家自1912年就存在至今、開了近百年的媽祖廟剉冰，歷經四代經營，堪稱是台南縣最老冰店。因此每逢星期假日，常見外地觀光客專程為此而來，甚至見到整輛遊覽車開來這裡，就只為了來媽祖廟前吃上一碗料實味美的剉冰。

　　媽祖廟剉冰攤所用的配料都是自家親手製作，雖然小小攤子，但櫃子裡頭配料有很多種，不論是粉條、粉圓、紅豆、綠豆、愛玉、楊梅等，全是手工自製，絕不偷工減料。此外，這裡還吃得到具有懷舊古早味的麵茶，淋上麵茶的剉冰感覺很新鮮，店家自己醃漬的鳳梨和楊桃乾也是備受好評。而冬天才有的熱湯圓，口感Q嫩，甜而不膩也值得推薦。

　　另外，豆菜麵在台南縣鄉下卻是十分普遍的小吃，其中又以六甲特別有名。這是因為60多年前顏寅木於六甲設攤販賣，歷經三代傳承，這種在麵條上堆上滿滿清脆的豆芽菜，淋上以醬油和蒜泥調合在一起的醬汁，口感清爽而美味，也是當地最受歡迎的小吃。

151

八老爺牧場 逗牛擠鮮奶

饅頭肥皂DIY 親子同遊樂無窮

　　位於八翁酪農專業區內的「八老爺牧場」，是由一群酪農們所組成，為專業區內第二家觀光牧場，園內有遊客中心，除提供旅遊資訊和做為DIY教室外，也介紹酪農區的歷史發展，提供牛乳相關資訊，教導小朋友認識乳牛的生態以及關於牛乳的正確常識。

　　「八老爺牧場」開放乳牛參觀，可讓遊客近距離接觸牛隻，餵乳牛吃牧草，提供乳牛解說、鮮奶製作過程示範解說，園區的親子戶外教學活動內容也相當豐富，小朋友可以學習鮮奶肥皂製作、鮮奶饅頭製作以及乳牛彩繪，並透過解說了解鮮奶製作過程等。

　　牧場餐廳乳香四溢，尤其是營養健康的鮮乳火鍋，以當天現擠牛奶，加入特別配料烹煮高湯，味道香濃可口，令人垂涎三尺；而牧場販賣部內另有各式各樣鮮乳製品：鮮奶布丁、奶酪、鮮奶麻糬、鮮奶紅豆饅頭、鮮奶雪糕、起司棒、牛軋糖、起司塔、蜂巢蛋糕……等等，產品琳瑯滿目，健康美味。

　　「八老爺牧場」區內花木扶疏、小橋流水、景色怡人，還結合周邊的景點，搭乘台糖五分車，享受一下不一樣的牧野風光。

走訪乳牛的家 賞味牛奶大餐
搭五分車遊田園 重溫兒時趣

　　經營30多年的「營長牧場」，是因為牧場主人吳政衛的父親曾在軍中擔任營長而得名，早期是許多國內牛乳大廠的主要供應來源，目前轉型為休閒農場，更名為「乳牛的家」。如今遊客還可以從台糖新營廠「中興站」搭乘觀光五分車，直接進入「乳牛的家」，約30分鐘的車程中，讓遊客欣賞柳營的田園鄉村風光。

　　在可愛動物園區，小朋友可以與乳牛、鴕鳥、小羊、小白兔以最近距離互動，甚至可體會餵食小牛喝牛奶、用手擠牛奶的滋味。另有果凍蠟燭、彩繪及民俗技藝童玩等DIY活動；每天早上7時、下午5時在榨乳區乳牛會自動排隊到榨乳室，讓機器擠牛奶，遊客可以見到牛奶如何從管線自動輸送到冷凍庫儲存，甚至每天在此喝到熱騰騰的新鮮牛乳。

　　「乳牛的家」在五分車小火車站旁蓋了一棟原木鐵路餐廳，車廂內掛滿歷史老照片，在此點杯牧場牛奶咖啡，品嘗特色的鮮奶火鍋是一大享受，以鮮奶代替高湯之外當牛乳鍋底滾燙時，放入肉片，湯汁潤滑香濃、風味獨特。既然以乳製品為訴求，「乳牛的家」更利用自家鮮乳特製各類乳製品，如大人、小孩都愛的牛乳布丁及奶酪，吸引不少人專程為此而來。

33年肉丸老店 乾湯兩吃皆美味
肉鮮皮Q筍香甜 彈牙口感吃不厭

　　肉丸是台灣各鄉鎮非常容易看得到的庶民小吃，也發展出不同的形式跟吃法，有用蒸的、有用油泡的；有吃乾的、也有泡高湯吃的；就連寫法也各自不同，有「肉圓」和「肉丸」之分。各家有各自的做法與吃法，隱藏著都是一則則有趣的在地飲食文化呢！

　　朋友介紹我到柳營一定要嚐嚐位在中山西路二段，市場邊的「柳營肉丸」，吃遍台灣大街小巷肉丸的我，豈能錯過。

　　1976年開始營業的「柳營肉丸」，店齡33，是老闆娘夫婦在退休後開設的。柳營肉丸是以在來米漿製作外皮，內餡則是店家精心挑選的豬後腿肉醃製加上竹筍等而成。老闆娘每天得先將內餡包進外皮後，再以大鼎炊製出一個個Q彈有形的肉丸，再以溫油微泡保溫，等客人點用，再挑起濾去多餘油份，剪開淋上醬汁送上給客人。

　　熱呼呼的肉丸，外皮透亮Q軟有咬勁，內餡肉質鮮嫩，筍香甜，佐以香甜醬料增添香氣與口感。店家再貼心送上一碗清甜大骨湯，我最愛把內餡放進湯裡，成了一碗肉丸湯，好喝又好吃。

限量滷羊腿 汁多不油膩
清蒸羊三層肉 鮮甜無羶腥味

　　在台灣走透透得到的經驗是，尋訪在地私房美食，不要盡信報章雜誌或美食節目提供的訊息報導，問問當地人更能吃到真正美味。這次到柳營，在地人推薦必吃的是重溪村「小腳腿羊肉店」的羊肉料理。

　　有趣的是，這家在當地遠近馳名的羊肉料理店，店名來自當地「小腳腿」的地名，但倒和這家店內的招牌菜之一──「黃金腿」，有幾分呼應之姿。這道菜是老闆岩憶錚精選努比亞羊的後腿，以獨家配方滷上兩小時，滷汁入味，緊鎖肉中。

　　努比亞羊是國內被飼養來食用的羊隻主要品種，多採自然放牧，羊肉較無羶味。經過店家精心烹調的黃金腿，色香味俱全；入口肉質軟嫩，外皮Q彈有咬勁，沒有騷味，但羊腿數量不多，加上做工費時，想品嘗此味者得事先預約。老闆說店內的羊肉，都是自家飼養，現宰後限時內運送到店裡，再烹煮成各種佳餚，這一道道的手續成了不致產生羊騷味的秘訣。

　　另一道招牌菜「清蒸羊三層肉」，取自1歲大的羊隻，取出小排的6根排骨後，整塊帶皮加簡單調味料，用竹蒸籠蒸煮40分鐘，入口品嘗到鮮嫩肉質，不油膩、不腥羶，值得一試。

水畔度假村　湖光山色醉人心
身泡日式湯屋　眼觀落日晚霞

　　「若把西湖比西子，濃妝淡抹總相宜」，將水庫比喻為西湖、把尖山埤視為江南風情，這就是尖山埤江南度假村當初一開始設計的源起，淡雅悠閒的風情，散發迷人的韻味。

　　整個度假村以尖山埤水庫為中心，雖然尖山埤早已不再是水庫，但平靜的湖水和四周綠樹成蔭，倒成為尖山埤江南度假村難得的美景，既有恬雅的湖光美景，也有自然清新的山色。尤其是下雨時分，尖山埤總是煙雨縹緲，湖面上水氣氤氳，住宿於建築在水庫湖上的「醉月小樓」，一大片落地窗映入眼簾就是寧謐的湖景，坐臥在舒適沙發上或半躺在觀音石鋪成的日式泡湯浴池，就可欣賞早晨的雲霧繚繞及黃昏的落日晚霞。

　　如果您嚮往的是置身於濃蔭的森林之中，這裡還有由巨大樟樹、相思木樹林環抱的「原木屋」，以加拿大檜木為建材、具有美式風格的小木屋，一入門，房內的檜木味道令人精神一振，斜臥於窗邊，就可立即享受林間花香鳥語與芬多精。另一棟「江南會館」提供70間精緻客房，以及露天SPA游泳池、健身設備等，整棟建築呈現剛柔並濟的簡約風格。

烏山頭旅遊綠美食

料理種類多　山水佐味脾胃開
擁抱生態樂園　遊賞花樹珍禽

　　「江南會館」內一樓西餐廳提供歐式菜餚，金屬餐桌椅配上藤編椅背，在透明磨砂玻璃間隔下，既私密又不失單調，充滿現代設計感的藝術風格；二樓的桂園以中華料理（台式、粵式及江浙菜）為主，而水庫內盛產的魚類更是吃活魚的最好選擇，尤其以筍殼魚最為有名，因為量少味美，讓許多饕客趨之若鶩。中餐廳緊鄰花園與山水景致，在大片落地玻璃的穿透下，讓窗外的碧波與綠樹彷彿映入餐廳與室內融合在一起。

　　而另一「星光酒吧」以創意船型吧台為設計主軸，搭配船多層次壁飾，光線穿透而出，讓整個空間瀰漫微醺的酒意及愜意。此外想要品嘗台南純正的東山咖啡，位在綠色廊道間的「遠翠樓咖啡廳」，就可喝到香純、回甘的東山咖啡。

　　尖山埤江南度假村內設施多，值得一遊。像是完整保留自然生態的「植物園」，孕育豐富的動植物生態，有阿公阿嬤時代的天然洗髮精——無患子、俗稱紅豆樹的孔雀豆、百年樟樹林、大葉欖仁樹、來自非洲的猢猻木、奇特的臘腸樹，還有咖啡樹、墨水樹、黑板樹等，眼尖的人還可以發現五色鳥、繡眼畫眉、五色鳥、斑鳩鳩等多種鳥類出現蹤跡。

水陸遊樂設施多　挑戰體能極限

乘坐畫舫遊湖心　益智廣場闔家歡

　　針對全家大小的親子遊，村內還有多項人工遊樂設施，坐上鮮豔彩繪的遊園小火車，輕鬆欣賞沿途風景，而有投籃球機、跳舞機及小型摩托賽車機的「遊樂場」、提供投籃、賽車及跳舞等十餘種遊戲機的「親子益智廣場」，讓全家或好友可以來場實力大車拼；而深受許多大小朋友喜愛的野外木造體能訓練器材──「青少年體能活動場」以及有靶射擊練習區、也有漆彈射擊對抗的「漆彈場」都可以讓大家玩上一整天也不厭煩。

　　另外想要遊湖者，村內還有可愛天鵝造型的腳踏船、三五好友可以在湖面上你碰我、我碰你的碰碰船；以及極具江南風情的「畫舫」定時出發，由船上解說員帶領遊客走入尖山埤美麗又動人的自然生態及愛情故事。最後臨走前，別忘到「休閒購物中心」選購紀念品及伴手禮，這裡販售各式台南名產、尖山埤紀念商品外，台糖早已轉型為觀光休閒及生技產業，因此台糖生產許多優良產品，從台糖蘭花禮盒、肉品禮盒、化妝品禮盒、養生保養及農特產品，種類更是琳瑯滿目，可以滿足每個人的需求。因此來到尖山埤江南度假村，享有的不只是猶如西湖、江南的恬靜風情，還有健康又豐富的伴手禮。

休閒農場 綠意包圍舒展身心

繽紛花草賞心悅目 園區浸浴芬多精

來到號稱是南台灣最大的休閒農場—南元休閒農場，就打定主意待上一整天，那兒也不去。農場上有萬株綠樹、豐富的生態，還有漂亮的湖畔木屋，是柳營度假的必去景點，難得到此，當然要充分享受定點旅遊，悠閒的度過休閒時光。

南元休閒農場裡遍植綠樹，更像是個大森林，擁有寒帶、溫帶、熱帶等各種植物高達1,800多種，樹木20萬餘株，穿梭農場內的林蔭步道長達10公里，還有鳥類等各種動物陪襯一旁，像是生物界大觀園，讓我這個都市佬喜孜孜地，迫不及待要投入這充滿芬多精的農場懷抱中。

走進農場，看到廣闊的青青大草原，就是這片綠意，吸引我到南元休閒農場度假。園區充滿自然綠意，廣闊的草地和數萬株綠樹，散步也行、騎單車也行，輕鬆就可以大口吐納清新空氣。青青大草原上還有可愛小巧的電動車，這可不是小朋友才有專利搭乘的哦！只要投20元，人人都可以車代步，緩步前進，享受被綠意包圍的溫暖感覺。

草原的另一端，有個小型台灣島，場方依著台灣島嶼的模樣，打造出一座生態島。和真正的台灣島一樣，四面環「海」（其實是小溪流啦！），瞭解設計者用心後，不免發出會心一笑。

159

撐篙打水仗　水上高球試身手
酥炸明日葉、羅李亮冰　必嘗特產

當天碰巧遇上小學生來到南元戶外教學，一夥人在湖上撐起排筏，你來我往打起水仗，水花四濺尖叫聲連連，相當有趣。看到溪流裡還有蝌蚪、蛤仔，我撩起褲管，抓蝌蚪、摸蛤仔，顧不得褲腳濕了，重溫兒提童夢。

這裡還有少見的湖上高爾夫球場，高爾夫球球洞設在湖面上，我當下租借球具想一試身手。拿起球桿再三比對，我大手一揮，哇！只見小白球「啾！」地一聲，快速落入水坑。

收拾起沮喪的心，去觀賞生態囉！只要事前申請，南元休閒農場都會安排解說員隨行解說。一來到鳥園，就看到顏色繽紛的彩虹巨嘴鳥，牠動也不動，像極了絨毛玩偶。另一邊，金黃頭冠、紅色羽毛的金雞拖著長長的尾巴站在樹枝上，有如驕傲的王子。

逛過園區，到餐廳品嘗嘉南特產風味餐。點了道招牌菜「茄冬雞」，農場餐廳採用3個月以上的紅茄苳葉，加上獨家配方和新鮮雞肉烹調，釋放出陣陣香甜。另一道酥炸明日葉，農場自栽的明日葉裹粉油炸，入口有種特別的草香。餐後甜點是羅李亮冰，羅李亮樹的果實富含膠質且具有獨特且濃郁芳香，製做成的羅李亮冰吃得冰涼，也吃到水果的營養哦！

羅李亮冰富含膠質，香味獨特。

占地70甲高球場 以球會友
綠草如茵環境清幽婚宴餐 另類選擇

　　位於台南縣官田鄉的「嘉南高爾夫球場」，占地70甲，民國79年興建之初，依據當地原有地形及地貌，規劃成一座標準桿72桿、6,809碼的18洞球場，球場規劃難易適中、挑戰性與趣味性十足，適合各種球技的球友，讓每位客人都可寄情於小白球、自在享受打球的樂趣。多年來，「嘉南高爾夫球場」一直是許多大型比賽青睞的優質場地，走進球場，園區內栽植的草皮，一片綠意盎然，讓人看了心情放鬆自在、忘卻煩憂。

　　近年來「嘉南高爾夫球場」漸漸朝向多元化角度經營，現在更多人來此與三五好友偷得浮生半日閒、喝下午茶。原本只提供給打球客人的球場餐廳，如今則是對外開放，用心研發精緻餐飲，讓一般民眾也可在充滿自然綠意、景色宜人的球場餐廳內，享受美景佐美食的樂趣。

　　另外，想要舉辦一場不一樣喜宴的新人，這兒出租場地，讓新人置身在碧草如茵中拍婚紗，或是在山光水色的美景中舉辦喜宴。不管是球友競技還是好友聚餐，「嘉南高爾夫球場」都成了另一處友情交流的好去處。

佛山觀音巖 玩味古樸建築
環山步道涼風宜人 登高遠眺嘉南平原

　　「佛山觀音巖」位於台南縣柳營鄉果毅村東方山丘上，占地約1,500坪，為台南縣一貫道溪北最大道場，主要奉祀觀音佛祖、玉皇大帝和瑤池金母。主體建築為二層樓，內有申聖殿、玉皇殿、觀音殿、香客大樓、照壁、九龍池等建築，雖然稱不上是金碧輝煌，倒也有另一種古樸之美，是柳營鄉最具特色之廟宇。道場內的餐廳大樓每天供應素食歡迎遊客品嘗，而廟內自製豆腐乳、破布子、素食深具農村特色。

　　由「佛山觀音巖」廟前的階梯向下走去，抵達觀音埤，埤中有一個白淨的圓通橋，我站在橋上回望觀音巖，發現在一片藍天的襯托之下，廟宇更顯莊嚴。在參拜完之後，若是還有體力，可以和我一樣從後山的環山步道，去欣賞周遭自然的湖光山色。環山步道的兩旁種滿各式的花草樹木，樹木扶疏，偶爾吹來涼風，散步起來更加舒爽，步行至山頂上兩座涼亭，於涼亭中暫時休憩，或是選擇在草亭附近的一株老樹下歇息，同時眺望腳下嘉南平原和一大片的竹林、果園，自是一番的輕鬆快意。

太康綠隧 芒果清香消暑意
綠樹成蔭長逾4公里 名列南瀛八景

　　到台南，最怕的就是四季不分，日日高掛的豔陽。這時候，若能鑽進濃密的綠色隧道裡，四周立刻變換成沁涼空氣，暑氣全消。柳營的太康綠色隧道，兩旁都是綠意盎然的芒果樹，就是這樣消暑好去處。

　　台南縣是全台灣最早種植芒果的地方，芒果產量更居全國第一，至今更保有柳營太康、白河竹門、玉井望明等三條以芒果為行道樹的綠色隧道。每逢盛產期，結實累累，甜甜果香，讓人垂涎三尺。

　　每次到小腳腿羊肉店大啖羊肉之後，我總要到不遠的太康綠色隧道去走走。太康綠色隧道位在柳營太康村的康士路，長約4,472公尺，寬24公尺，道路兩旁栽種成排芒果樹，蒼翠碧綠，樹幹粗壯，還曾被選中獲列「南瀛八景」之一，也是台南縣內現存樹齡最久、長度最長的珍貴綠隧。我最愛的黃昏前到這裡來。拿出放在後車廂的小摺，悠哉慢騎，用心品味在都市間難見的綠樹成蔭美景，鬆弛自己的情緒，塵囂煩悶頓失無蹤。

　　要提醒各位看倌的是，夏天芒果盛產期來這裡騎單車也好，開著有天窗車子經過也好，千萬得小心，一不小心可能會被掉下來的芒果K到哦！

163

水雉鷺鷥戲水 湖畔景宜人
夕照葫蘆埤 舟影綴菱田

　　孕育「菱鄉」官田最大貢獻首推葫蘆埤，葫蘆埤供應充裕的水源使得湖畔成為全鄉菱田最密集區，台南縣政府甫完成的葫蘆埤觀光休閒公園，更讓葫蘆埤成為菱鄉觀光勝地之一。

　　位於隆田與麻豆間的「葫蘆埤」，是清朝間為灌溉蓄水之用而開挖的人工埤塘，狀似葫蘆，176縣道剛好成為葫蘆的腰繫，埤岸自然彎曲，平常除了有白鷺鷥群聚、水雉在此棲息，偶見舟影點綴著美麗菱田，當我親眼見著這幅「菱香舟影」的美麗畫面，方能體會為何葫蘆埤足以成為新南瀛的八景之一。而位處高鐵旁的景觀吊橋亦是重要地標，尤其是黃昏至夜晚時段，不論是金黃夕照的葫蘆埤，或是晚上虹橋倒影在湖面，吸引不少喜愛攝影的朋友；葫蘆埤魚蝦富饒也是垂釣者的最愛。

　　葫蘆埤自然生態休閒公園的入口廣場，有棵老榕樹，樹下蓋了一座供奉土地公、木姑娘及榕仔公等神祇的小廟，以保留當地信仰，鄰近又設有菱角洗滌池，讓遊客也能在採菱期間看到菱農在當地洗菱角的情形，而紅磚砌成的葫蘆埤農特產品展示館，配合埤塘上的吊橋美景，成為當地的最佳休閒場所。

旅遊資訊

烏山頭水庫風景區
地址：台南縣官田鄉嘉南村68～2號
電話：06-6982103

台南藝術大學
地址：台南縣官田鄉大崎村66號
電話：06-6930100

官田鄉農會
地址：台南縣官田鄉隆田村文化街25號
電話：06-5791221

隆田酒廠
地址：台南縣官田鄉隆本村中華路一段335號
電話：06-5794669；06-5791311轉521

六甲大麵糶豆菜麵
地址：台南縣六甲鄉中正路485巷3號
電話：06-6992393、6996403

媽祖廟剉冰
位置：台南縣六甲鄉仁愛街恆安宮媽祖廟外廣場

八老爺牧場
地址：台南縣柳營鄉八翁村93之102號
電話：06-6220506

乳牛的家
地址：台南縣柳營鄉八翁村93之138號
電話：06-6225199、6222955

柳營肉丸
地址：台南縣柳營鄉光福村中山西路二段177號
電話：06-6222732

小腳腿羊肉店
地址：台南縣柳營鄉重溪村21之9號
電話：06-6230349

尖山埤江南渡假村
地址：台南縣柳營鄉旭山村60號
電話：06-6233888

南元休閒農場
地址：台南縣柳營鄉果毅村南湖25號
電話：06-6990726

嘉南高爾夫球場
地址：台南縣官田鄉社子村六雙21號
電話：06-6900800

佛山觀音巖
電話：06-6232855、6231185
地點：台南縣柳營鄉旭山村麻埔20號

葫蘆埤
位置：開車從中山高麻豆交流道下接176縣道，往官田方向位於176縣道旁

旅行聯絡簿

⚠ 資訊查詢單位

單位名稱	電話
公路總局轄管省道及代養縣道阻斷事件資訊	路況語音查詢專線：(02)2311-3456轉1968 路況及災害查詢專線：0800-231034
土石流防災資訊網	049-2394300
中央氣象局	氣象查詢：02-23491234 地震查詢：02-23491168
嘉義縣政府交通觀光局	05-3620123
嘉義縣觀光協會	05-2501310
台南縣政府觀光旅遊處	06-6353226
台南縣政府農業處	06-6328755
台南縣觀光協會	06-6324151
大埔鄉公所	05-2521310
大內鄉公所	06-5761001
白河鎮公所	06-6855102
東山鄉公所	06-6802100
六甲鄉公所	06-6982001
官田鄉公所	06-5791118
山上鄉公所	06-5781801
楠西鄉公所	06-5751615
玉井鄉公所	06-5741141
南化鄉公所	06-5771513
左鎮鄉公所	06-5731611
新化鎮公所	06-5905356
善化鎮公所	06-5837226
柳營鄉公所	06-6221245

✚ 緊急救援、醫療單位

單位名稱	電話
中華搜救總隊台南隊部	06-2891452
中華搜救總隊南區勤務指揮中心	06-2650604 06-2334992
中華搜救總隊南區聯隊部	06-2650604 06-2925315
台南縣飛狼山岳搜救協會	06-6526892
台南縣救難協會	06-3309595
蓋德醫院	06-6982576
奇美醫院柳營分院	06-2812811
台南醫院新化分院	06-5911929
佑聲醫院	06-6840777

⌂ 西拉雅國家風景區合法民宿

民宿	電話	地址
曾文民宿山莊	06-5755782	台南縣楠西鄉楠西村民族路258、260號
龜丹休閒體驗農園	06-5746989	台南縣楠西鄉龜丹村59-6號
鄉村故事旅棧	06-5792838	台南縣官田鄉西庄村4-22號
松林雅竹	06-6988555	台南縣官田鄉嘉南村69-13號
茂勝民宿	06-6832175	台南縣白河鎮大竹里120-50號
蓮之家	06-6858927	台南縣白河鎮大竹里14-21號
三叔公的家	06-6855202	台南縣白河鎮大竹里30-20號
千霞雅園	06-6842123	台南縣白河鎮六溪里六重溪123號
蟬園	06-6857388	台南縣白河鎮六溪里六重溪76-15號
毓軒園民宿	06-6858591	台南縣白河鎮玉豐里海豐厝49之56號
丞翔園	06-6853686	台南縣白河鎮虎山里78-6號

西拉雅國家風景區合法民宿		
民宿	電話	地址
虎山驛站	06-6832530	台南縣白河鎮虎山里83號
白荷陶坊	06-6853969	台南縣白河鎮崎內里38號
震不倒民宿	06-6832448	台南縣白河鎮崎內里內崎內1號
阿嬤ㄟ‧ㄅㄠ	06-6876899	台南縣白河鎮蓮潭里蓮潭2-6號
阿梅溫泉	06-6822804	台南縣白河鎮關嶺里關子嶺24-10號
鴻都山莊	06-6822347	台南縣白河鎮關嶺里關子嶺24-12號
沐春民宿	06-6823111	台南縣白河鎮關嶺里關子嶺27號
木成菇之鄉溫泉民宿	06-6822634	台南縣白河鎮關嶺里關子嶺31-17號

西拉雅國家風景區合法民宿		
民宿	電話	地址
楓鈴山莊	06-6822040	台南縣白河鎮關嶺里關子嶺33號
溪畔老樹山莊	06-6822093	台南縣白河鎮關嶺里關子嶺35號
僊泉民宿	06-6822582	台南縣白河鎮關嶺里關子嶺43-3號
關山嶺民宿	06-6823099	台南縣白河鎮關嶺里關子嶺65-10號
明園溫泉別莊	06-6822586	台南縣白河鎮關嶺里關子嶺粗坑84號
走馬瀨精緻民宿	06-2387450	台南縣大內鄉二溪村其子瓦70號
松竹梅休閒渡假民宿	05-2521166	嘉義縣大埔鄉和平村6鄰雙溪14-2號 5
茶米民宿	05-2521326	嘉義縣大埔鄉和平村雙溪45號

遊客安全提醒

◎ 泡湯注意事項

‧患有傳染性疾病者禁止入浴。

‧患有心臟病、肺病、高血壓、糖尿病及其他循環系統障礙等慢性疾病者，應依照醫師指示入浴。

‧酒醉、空腹及飽食後不宜入浴。

‧浸泡湯一次不宜超過15分鐘。

‧溫泉浸泡高度不宜超過心臟。

‧泡完溫泉後不宜直接進入烤箱，以免造成眼角膜傷害。

‧孕婦、行動不便老人及未滿3歲之幼兒，不宜入浴。

‧年歲較高、健康欠佳者，應避免單獨一人入浴，以免發生意外。

‧長途跋涉、疲勞過度或劇烈運動後，宜稍作休息再入浴，以免引發腦部貧血或休克現象。

◎ 登山注意事項

‧行前要有詳細的準備計畫。

‧不要單獨行動，最好跟隨有豐富經驗者同行。

‧要做好留守計畫，讓親朋好友知道自己的行動內容。

‧隨時對照地圖確認自己的位置。

‧要有周全的登山裝備，並熟悉用法，隨時靈活取用。

‧穿著以容易排汗為原則，勿穿牛仔褲、短褲。

‧切勿攀登超出自己能力範圍以外的山峰。

‧注意季節氣候與天氣環境的變化，預作準備，以免措手不及。

‧準備遮陽帽及毛線帽，用以防曬及保暖。

‧備妥防曬油、綿羊油，防止日曬及皮膚太乾；身上避免塗抹香味太重的防曬油、香水，避免吸引蜜蜂。

‧夏天時要避免太陽直接晒傷皮膚，小心熱衰竭、中暑。

◎ 戲水注意事項

‧患有心臟病、肺病、氣喘病的民眾，切忌從事游泳運動。

‧在有人負責看守的安全區域及設有救生員的水域游泳，並遵守安全規則。

‧初學游泳或泳技不佳者，切勿擅入深水區，以免淹溺。

‧勿在不熟悉的水域或淺灘跳水。

‧身體過熱時、飯後、以及雷電天候，不下水游泳。

eye戀西拉雅‧浪漫spring ／ 商周編輯顧股份有限公司企劃製作.
-- 臺南縣白河鎮：西拉雅國家風景區管理處，　民98.07
面；　公分
ISBN　978-986-01-9044-1(平裝)
1.　西拉雅國家風景區
733.64　　　　　　　　98011070

出版機關　**交通部觀光局西拉雅國家風景區管理處**
發行人　陳昱宏
地址　73257台南縣白河鎮仙草里仙草1之1號
電話　06-6840337
傳真　06-6840338
網址　www.siraya-nsa.gov.tw
出版年月　98年7月
版次　初版
其他類型版本　http://www.siraya-nsa.gov.tw/attachment_file/0005702/eye戀西拉雅.pdf

編輯委員　鄭致弘、邱宗成、陳宏田、陳昱宏、洪成昌、鄭君健、王玟傑、伍哲宏

企劃製作　**商周編輯顧問股份有限公司**
地址　104台北市中山區
　　　民生東路二段141號4樓
網站　www.bwc.com.tw
電話　02-25056789轉5500
傳真　02-25076773
總編輯　孫碧卿
編輯總監　黃怡蒨
資深編輯　曾偉伶
美術編輯　蔡榮仁
製作小組　林晨曦、江婉如、陳珮綺、馮霽嵐
　　　　　蔡宗昇、林文煌、高北雁、盧大中
印刷　漾格科技股份有限公司

定價：新台幣250元
展售門市：
五南文化廣場(發行中心)
電話：04-22260330轉27
傳真：04-22258234
地址：40043 台中市中山路6號

國家書店松江門市
地址：10485台北市中山區松江路209號1樓
聯絡人：黃玉如小姐
電話：02-25180207轉12
傳真：02-25180778
國家網路書店：http://www.govbooks.com.tw

GPN：1009801752　　ISBN：978-986-01-9044-1
著作權歸屬：交通部觀光局西拉雅國家風景區管理處
授權聯絡人：洪景源
電話：06-6840337轉235

西拉雅全圖

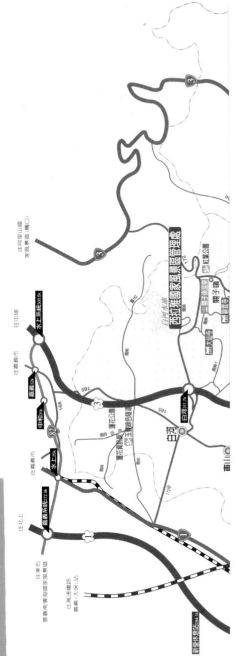